머리말

또 떨어졌다!

또 떨어졌다고 너무 실망하지 마세요. 최근 3년간 컴활 실기 시험 합격률은 2급이 48.3%이고, 1급은 17.3%입니다. 게다가 두 번 이상 응시하는 수험생들이 많음에도 불구하고 이 정도 합격률이라면, 누구나 한 번쯤 떨어질 수 있다는 거죠. 하지만 또 떨어지면 안 되잖아요. 이 책에 수록된 기출문제를 꼭 풀어보고 시험장에 들어가세요. 시나공 실기 기본서가 출간되고 나서 새롭게 출제된 기출문제가 유형별로 완벽하게 복원되어 있습니다.

최신 기출문제를 완벽하게 복원했습니다.

시나공 독자 지원실에는 문의 전화가 참 많이 옵니다. 학습중에 전화하는 사람, 상시 시험 보고 나와서 바로 전화하는 사람, 이렇게 질문 받은 내용과 시나공 홈페이지에 올라온 시험문제 관련 질문을 시나공 선생님들이 꼼꼼하게 기존 기출문제와 대조하여 유형별로 분류한 다음 최대한 유사하게 복원했습니다. 이 책을 세 번만 풀어보고 시험장에 가면 여러분도 컴활 유단자가 되어 "당황하지 않고 답안 작성을 완벽하게 끝~!" 할 수 있습니다.
혹시 시험장에서 새로운 문제를 발견하면 꼭 알려주세요. 바로 복원하여 시나공 홈페이지에 올리겠습니다.

'실제 시험장을 옮겨 놓았다!'에 대한 동영상 강의가 있습니다.

이 책은 초보자가 보기에는 조금 힘들 수 있습니다. 컴활 시험에 출제되는 기능의 기본적인 사용법은 알고 있다는 전제하에 해설을 최대한 줄였습니다. 시나공 실기 기본서 출간 후 새롭게 출제된 문제 유형을 빠르게 전달하는 게 이 책의 목적이기 때문입니다. '실제 시험장을 옮겨 놓았다!'에 대한 동영상 강의를 두 번 이상 시청한 후 공부해도 생략된 해설로 인해 학습에 어려움을 느끼는 수험생은 아직 시험 볼 준비가 덜 된 것입니다. 확실한 합격을 위해서는 시나공 실기 기본서를 먼저 공부하는 것이 좋습니다.

자동 채점 프로그램을 적절하게 활용하세요.

실제 시험 보는 기분으로 시간을 맞춰놓고 문제를 푼 다음 자동 채점 프로그램을 이용해서 채점하세요. 점수는 물론 틀린 부분이 왜 틀렸는지도 알려줍니다. 틀린 부분을 확인했으면 기출 유형별 기능 정리표를 보고 틀린 부분과 비슷한 문제만 찾아서 집중적으로 풀어 봅니다. 절대 눈으로만 봐서는 안 됩니다. 틀린 문제는 또 틀릴 확률이 매우 높으니까요.

끝으로 이 책으로 공부하는 모든 수험생들이 한 번에 합격할 수 있기를 진심으로 기원합니다.

시나공 대표저자 강윤석

CONTENTS

준비운동

2023년 기출유형별 기능 정리표

다음은 2023년에 출제된 기출문제 유형 중 새롭게 출제되었거나 수험생이 조금이라도 어렵게 느낄 수 있는 내용을 정리한 것입니다. 학습이 더 필요한 항목을 찾아서 집중적으로 풀어보시기 바랍니다.

회차	기본작업	계산작업	분석작업	기타작업
실제 시험장	2. 셀 서식 ③ 메모 자동 크기 지정 및 항상 표시 ④ 천 단위 구분 기호와 '만원' 표시 3. 고급 필터 조건 : '직위'가 '대리'이고 '수령액'이 26,000,000 이상(AND 조건)	1. 총점이 1위이면 "금상", 2위이면 "은상", 3위이면 "동상", 그 외에는 공백 • IF, RANK.EQ 사용 5. 주민등록번호의 8번째 문자가 "1" 또는 "3"이면 "남", "2" 또는 "4"이면 "여" • CHOOSE, MID 사용	1. 부분합 '분류'별 '판매량'의 최대와 '순이익'의 평균(내림차순) 2. 피벗 테이블 • 열의 총합계만 표시 • 가입일 '월'로 그룹 지정 • 평균값은 천 단위 구분 기호 표시	2. 차트 ① 계열 삭제 ③ 특정 요소에 데이터 레이블 '값' 지정 ④ 최대값과 기본 단위 지정
01회	2. 셀 서식 ③ 한자 변환 ④ 'yyyy년 mm월 dd일'로 표시 3. 텍스트 나누기 • '세미콜론'으로 구분 • '재고량' 열 제외	4. 결제종류의 앞 두 문자와 총결제액, 결제수수료표를 이용한 수수료 계산 • INDEX, MATCH, LEFT 사용 5. 사원코드의 3번째 문자를 이용하여 직위 표시 • VLOOKUP, MID 사용	1. 부분합 '연한 파랑, 표 스타일 밝게 16' 지정 2. 피벗 테이블 • 보고서 레이아웃 '개요 형식' 지정 • 매장위치가 1층인 자료만 표시 • 연한 파랑, 피벗 스타일 보통 9' 지정	2. 차트 ① 데이터 범위 변경 ② 차트 종류 변경 및 보조 축 지정
02회	2. 셀 서식 ③ 셀 스타일 '가로 균등 분할' 지정 ④ 'dd'일'로 표시 3. 조건부 서식 '이어달리기'가 60 이상이면서 '총점'이 300 이상(AND)	3. 출발일자의 일(日)이 5의 배수이면 "수도권", 그 외에는 "지방" • IF, MOD, DAY 사용 4. 실적과 근태가 모두 5위 이내인 승진 사원 수 계산 • COUNTIFS, LARGE 사용	1. 시나리오 • 환율 변동에 따른 '총판매액합계' 변동 • 이름 정의(환율, 총판매액합계) 2. 목표값 찾기 '뷰티우먼'의 '판매총액'이 8,000,0000이 되려면 '판매량'은 얼마가 되어야 하나?	2. 차트 ③ 차트 제목 삽입 및 [A1] 셀과 연결 ④ 데이터 레이블 '값', '항목이름' 지정
03회	2. 셀 서식 ② 메모 서식(글꼴, 크기, 채우기 색) 지정 ③ 문자 뒤에 "%" 표시	5. 총점이 상위 3위 이내이면 "◆", 하위 3위 이내이면 "◇", 그 외에는 공백 • IF, LARGE, SMALL 사용	1. 통합 '제품코드'별 '판매량'과 '판매금액'의 합계 2. 부분합 평균값은 소수 이하 1자리로 표시	2. 차트 ① 데이터 범위 추가 ④ '레이아웃 3' 지정
04회	2. 셀 서식 ③ 1,000,000의 배수와 "백만원" 표시 3. 고급 필터 '판매량'이 '매입량' 미만 조건 수식으로 입력	3. 휴가시작일과 휴가기간을 이용하여 출근일 표시 • MONTH, DAY, WORKDAY 사용 4. 시작시간과 종료시간을 이용하여 시험시간 계산 • IF, RIGHT, TIME 사용	2. 피벗 테이블 • 'Σ' 기호 '행' 영역으로 이동 • 빈 셀 "＊" 표시	2. 차트 ④ 데이터 레이블 '값' 바깥쪽 끝에 지정 ④ 범례에 도형 스타일 지정 ⑤ '데이터 테이블' 지정
05회	2. 셀 서식 ④ 숫자 뒤에 "년" 표시 3. 조건부 서식 '성명'의 성이 '이'씨(LEFT)	3. '대리' 제외한 판매량 평균 이상인 판매총액 합계 계산 • SUMIFS, AVERAGE 사용 5. 사원코드의 4번째 문자가 "1"이면 "기획부", "2"이면 "홍보부", 그 외에는 "영업부" • IFS, MID 사용	2. 목표값 찾기 '부산'의 '목표달성률'이 90%가 되려면 '판매액'은 얼마가 되어야 하나?	2. 차트 ④ 선 너비, 선 색, 표식 옵션, '완만한 선' 지정 ⑤ 그림 영역 도형 스타일 '미세효과 – 황금색, 강조 4', 차트 영역 패턴 채우기 '테마색 – 주황, 강조 2' 지정
06회	3. 고급 필터 조건 : '직위'가 '부장'이거나 '수령액'이 3,500,000 이하(OR 조건)	2. 성별이 "남"인 선수와 "여"인 선수의 최고 기록 평균 계산 • ROUNDUP, AVERAGE, DMAX 사용 4. 총판매량이 가장 많은 사원명 표시 • INDEX, MATCH, MAX 사용	1. 데이터 표 '판매량' 변동에 따른 '판매율(생산량×판매량)' 변화 2. 통합 사무용품 직접 입력	2. 차트 ① 계열 삭제 및 가로(항목) 축 지정 ② 계열 겹치기, 간격 너비 지정 ④ '기본 주 세로' 눈금선, '지수' 추세선 지정 ⑤ 차트 테두리 너비 지정
07회	3. 조건부 서식 '셀 강조 규칙'과 '상위/하위 규칙' 이용	4. 상식과 외국어가 모두 80점 이상이고, 총점이 총점 평균을 초과하는 사원들의 승진율 계산 • COUNTIFS, AVERAGE, COUNTA 사용	1. 정렬 사용자 지정 목록 및 셀 색 지정	2. 차트
08회	3. 사용자 지정 필터(자동 필터) 필드의 자동 필터 목록 단추 → 숫자 필터 → 사용자 지정 필터	1. 시간이 가장 빠른 선수의 시간 표시 • HOUR, MINUTE, SECOND, SMALL 사용	1. 시나리오 시나리오 시트는 '분석작업-1' 시트 뒤에 위치	2. 차트 ④ 눈금 표시 단위 '천' 표시 및 방향 지정
09회	3. 텍스트 나누기 • '쉼표'로 구분 • '구분', '직원수' 열 제외	5. 평가점수를 100으로 나눈 나머지를 이용하여 "▣" 표시 • VLOOKUP, MOD 사용	1. 피벗 테이블 • 행 및 열의 총합계 해제	2. 차트 ③ '첫째 조각의 각' 15도 지정 ⑤ 그림자 '오프셋: 오른쪽 아래' 지정
10회	2. 셀 서식 ④ 숫자 앞에 "＊", 숫자 뒤에 "시간" 표시 3. 고급 필터 • 결과 : 특정 필드만 표시 • AVERAGE 사용	1. 입차시간과 출차시간을 이용하여 주차시간 계산 • IF, HOUR, MINUTE 사용 2. 메일주소에서 '@' 앞의 문자열 추출 • MID, SEARCH 사용		2. 차트 ④ 주 단위와 가로 축 교차 값을 10, 세로 축 교차를 '최대 항목'으로 지정

※ 색으로 진하게 표시된 부분은 2023년에 새롭게 출제된 기능입니다.

컴퓨터활용능력 2급 실기, 이렇게 준비하세요.

준비가 끝났다면 이제 부터는 전략입니다.

기출문제집을 공부한다는 것은 기본적인 학습을 모두 마친 후 최종 정리하면서 새롭게 출제된 기능이라든지 학습이 더 필요한 부분을 찾아 보강하는 것이지 기출문제만으로 그 어렵다는 컴퓨터활용능력 실기 시험을 준비 해야겠다는 매우 위험한 생각은 버려야 합니다. 기본서 공부를 마치고 지금 이 책을 보시고 계신다면 분명 시험이 코앞이겠죠. 아시다 시피 시험시간 40분은 턱없이 부족합니다. 물론 충분한 학습으로 모든 문제를 주어진 시간 안에 완벽하게 풀 수 있도록 준비한 수험생들은 이곳을 패스하고 바로 기출문제를 풀어보셔도 됩니다. 그것이 아니라면 이제는 전략을 세울 때입니다. 합격 점수는 100점이 아닌 70점이고 1점 차이로 떨어질 수도 있으니까요. 출제 기능 분석표를 참조하여 합격 점수 70점을 맞기 위한 자신만의 전략을 세우세요. 포기할 부분은 포기하고 확실하게 점수를 얻어야 할 부분은 한 번 더 확실하게 공부하는 거죠. 다음은 최소 79점을 목표로 했을 때의 시나공 IT 자격증 전문가가 추천하는 합격 전략입니다.

기본작업(15점) + 계산작업(24점) + 분석작업(20점) + 기타작업(20점) → 합격(79점)

[문제 1] 기본작업(20점) – 최소 15점을 목표로 합니다.

특별히 어려운 기능이 없지만 시간이 없을 때는 3번을 포기하세요.

[문제1]은 다음 5가지 기능 중 3개의 기능이 조합되어 세 문제 20점으로 출제됩니다. 1번과 2번은 입력과 셀 서식이 고정적으로 출제되고 있고 나머지 기능 중에서 한 가지가 번갈아가며 3번 문제로 출제되는데, 조건부 서식과 고급 필터가 좀 더 자주 출제되고 있습니다. [문제1]에는 특별히 어려운 문제가 없지만 만약 시간이 부족할 경우 조건부 서식, 고급 필터 등이 포함된 3번 문제를 포기하세요. 최악의 경우에도 15점을 취득할 수 있습니다. 세부 기능별로 해당 기능이 포함된 기출유형을 표시해 놓았으니 필요한 부분을 골라 집중적으로 풀어보세요.

출제 기능	세부 기능	세부 기능 포함 기출유형	배점	목표점수
입력		모든 유형	5점짜리 1문항	5점
셀 서식	서식(글꼴, 채우기 색 등) / 병합 / 정렬 지정	모든 유형	2점짜리 5문항	10점
	사용자 지정	모든 유형		
	테두리 지정	모든 유형		
	셀 스타일 지정	1회, 2회, 5회, 6회, 10회		
	메모 삽입	실제시험장, 3회, 7회		
	한자 변환	1회, 3회, 8회		
	이름 정의 지정	3회, 5회, 8회		
	특수문자 삽입	2회, 9회		
	표시 형식 지정	4회, 6회, 10회		
조건부 서식	서식 변경	7회	5점짜리 1문항	5점
	조건 지정	2회, 3회, 5회		
텍스트 나누기	'텍스트 마법사' 사용	1회, 9회	5점짜리 1문항	5점
고급 필터	일반적인 조건 지정	실제시험장, 6회	5점짜리 1문항	5점
	수식으로 조건 지정	4회, 10회		
합계			20점	15점

컴퓨터활용능력 2급 실기, 이렇게 준비하세요.

[문제 2] 계산작업(40점) – 최소 24점을 목표로 합니다.

가장 많은 시간을 투자해서 공부를 해야 하지만 실제 시험에서는 가장 나중에 풀어야 합니다.

계산작업은 5문제가 출제되며 문제당 배점은 8점인데, 최근에는 논리식을 세워야 하는 까다로운 문제들이 출제되고 있습니다. 함수를 학습할 때는 함수에서 사용되는 인수를 모두 외우려 하지 말고 일단 어떤 경우에 어떤 함수를 이용하는지만 정확히 알아두세요. 함수 마법사를 이용하면 각 인수에 대한 설명이 나오므로 어떤 인수를 지정해야할지는 몇 번만 실습해 보면 쉽게 알 수 있습니다. 계산문제 학습에 대한 자세한 설명은 시나공 기본서를 참조하시기 바랍니다.

그리고 잊지 말아야 할 것이, 계산작업은 다른 작업을 모두 마친 다음에 해야 한다는 것입니다. 풀릴 듯 말 듯한 계산문제를 잡고 고민하다 보면 시험 종료 시간이 돌아옵니다.

기출유형	출제 함수	배점	난이도	목표점수
실제시험장	IF, RANK.EQ, HLOOKUP, LEFT, ROUND, DSUM, COUNTIFS, CHOOSE, MID	8점짜리 5문항	중	32점
1회	IF, POWER, AVERAGE, AND, ROUNDDOWN, DAVERAGE, INDEX, MATCH, LEFT, VLOOKUP, MID	8점짜리 5문항	상	24점
2회	YEAR, TODAY, LEFT, SUM, SUMIF, IF, MOD, DAY, COUNTIFS, LARGE, VLOOKUP, WEEKDAY	8점짜리 5문항	상	24점
3회	DATE, MID, LEFT, COUNTBLANK, COUNTA, ROUND, DAVERAGE, HLOOKUP, RIGHT, IF, LARGE, SMALL	8점짜리 5문항	중	32점
4회	DCOUNTA, DSUM, MID, YEAR, MONTH, WORKDAY, DAY, RIGHT, TIME, CHOOSE, MOD	8점짜리 5문항	중	32점
5회	INT, MOD, CHOOSE, WEEKDAY, SUMIFS, AVERAGE, IF, MID, OR, IFS	8점짜리 5문항	상	24점
6회	HOUR, MINUTE, ROUNDUP, AVERAGE, DMAX, IF, MEDIAN, INDEX, MATCH, MAX, TRIM, UPPER	8점짜리 5문항	상	24점
7회	CHOOSE, IFERROR, RANK.EQ, ROUNDUP, DAMX, DMIN, IF, COUNTIF, COUNTIFS, AVERAGE, COUNTA, HLOOKUP	8점짜리 5문항	중	32점
8회	CHOOSE, RANK.EQ, IF, HOUR, MINUTE, SECOND, SMALL, VLOOKUP, LARGE, ROUNDUP, AVERAGEIFS, SUMIF, COUNTIF	8점짜리 5문항	상	24점
9회	ROUNDDOWN, IF, TRUNC, AVERAGEIF, ROUND, STDEV.S, ABS, DMAX, VLOOKUP, MOD	8점짜리 5문항	중	32점
10회	IF, HOUR, MINUTE, MID, SEARCH, OR, RANK.EQ, UPPER, PROPER, HLOOKUP, IFERROR	8점짜리 5문항	상	24점
평균		40점		28점

[문제 3] 분석작업(20점) – 무조건 20점을 목표로 합니다.

특별히 어려운 기능이 없습니다. 문제지를 받자마자 가장 먼저 풀어야 할 문제입니다.

[문제3]은 다음 7가지 기능 중 2개의 기능이 조합되어 두 문제 20점으로 출제되는데, 부분합, 피벗 테이블, 시나리오가 자주 출제되고 있으니 시간이 부족할 때는 이들을 우선적으로 학습하는 것이 좋습니다. [문제3]에 출제되는 기능들은 개념만 정확히 파악하면 1~2회 반복 연습으로 누구나 쉽게 풀 수 있으므로 20점 만점을 목표로 준비해야 합니다. 마찬가지로 출제 기능 분석표를 보고 학습이 더 필요한 부분을 찾아 집중적으로 풀어보세요.

출제 기능	세부 기능	세부 기능 포함 기출유형	배점	목표점수
부분합	중첩 부분합 / 정렬 지정	실제시험장, 1회, 3회, 5회, 7회	10점짜리 1문항 (부분 점수 없음)	10점
	표시 형식 지정	3회		
	표 서식 지정	1회, 5회		
정렬	사용자 지정 목록 / 셀 색 지정	7회	10점짜리 1문항 (부분 점수 없음)	10점
피벗 테이블	피벗 테이블 작성	실제시험장, 1회, 4회, 7회, 9회	10점짜리 1문항 (보통 2~4개의 세부 기능 출제) (부분 점수 없음)	10점
	행/열 총합계 지정	실제시험장, 7회, 9회		
	그룹 지정	실제시험장, 9회		
	표시 형식 지정	실제시험장, 4회, 7회		
	특정 필드만 표시	1회, 9회		
	피벗 스타일 지정	1회		
	보고서 레이아웃 지정	1회		
	빈 셀 표시 지정	4회		
시나리오		2회, 4회, 8회, 10회	10점짜리 1문항	10점
통합		3회, 6회, 8회	10점짜리 1문항	10점
목표값 찾기		2회, 5회, 9회	10점짜리 1문항	10점
데이터 표		6회	10점짜리 1문항	10점
합계			20점	20점

컴퓨터활용능력 2급 실기, 이렇게 준비하세요.

[문제 4] 기타작업(20점) - 무조건 20점을 목표로 합니다.
어려운 기능이 없습니다. [문제3]을 푼 다음 바로 작업하세요.

[문제4]는 매크로와 차트가 고정적으로 출제되고 있습니다. 매크로는 2문제가 출제되는데 기록하기 전에 반드시 예행연습을 하여 순서를 정해 놓은 다음 '매크로 기록'을 수행해야 실수 하지 않고 한 번에 끝낼 수 있습니다. 매크로 작업 중 오류가 발생하면 잘못된 매크로를 고치려고 애쓰지 말고, '매크로 기록'을 중지하고 다시 처음부터 작성하세요. 차트는 차트에 사용할 범위만 정확히 지정하고, 나머지는 문제지에 주어진 지시사항 대로만 따라하면 어렵지 않게 점수를 얻을 수 있습니다.

출제 기능		세부 기능	세부 기능 포함 기출 유형	배점	목표점수
매크로	기능	계산작업	1회~10회	5점짜리 2문항	10점
		표시 형식 지정	2회, 3회, 5회, 8회, 9회, 10회		
		서식(글꼴, 채우기 색 등) 지정	실제시험장, 4회, 6회		
		셀 스타일	7회		
		테두리 지정	1회		
	매크로 연결	단추	모든 유형		
		도형	모든 유형		
차트		데이터 범위 변경	실제시험장, 1회~4회, 6회~10회	2점짜리 5문항	10점
		차트 종류 변경	1회~3회, 5회~10회		
		보조 축 지정	1회, 3회, 5회, 8회		
		차트 제목 / 축 제목 지정	실제시험장, 2회~5회, 7회~10회		
		데이터 계열 서식(레이블, 계열 겹치기, 간격 너비 등) 지정	실제시험장, 2회, 4회~10회		
		축 서식(최대값, 최소값, 주 단위, 표시 단위, 가로/세로 축 교차 등) 지정	실제시험장, 1회, 3회, 7회, 8회, 10회		
		차트 영역 서식(테두리, 그림자 등) 지정	실제시험장, 1회, 2회, 3회, 4회, 6회, 9회		
		범례 서식(위치, 글꼴, 도형 스타일 등) 지정	1회, 4회, 7회		
		차트 스타일 및 색 지정	5회		
		차트 레이아웃 지정	3회		
		그림 영역 스타일 지정	5회		
		데이터 표 지정	4회		
		눈금선 지정	6회		
		추세선 지정	6회		
		패턴 채우기 지정	5회		
합계				20점	20점

실제 시험장을 옮겨 놓았다!
동영상 강의 제공

한 번에 합격할 수 있도록 시험의 전 과정을 따라하기 식으로 설명하는 '실제 시험장을 옮겨 놓았다!'를 동영상 강의로 제공합니다.

동영상 강의 시청 방법

다음의 세 가지 방법을 이용하여 시나공 저자의 속 시원한 강의를 바로 동영상으로 확인하세요.

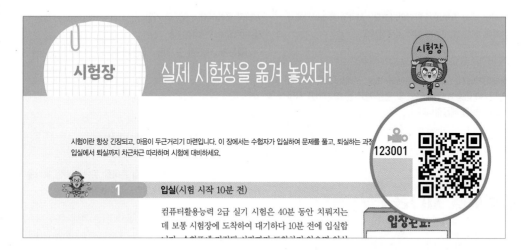

구입 도서 등록이 완료되면 다음의 세 가지 합격 보장 서비스를 이용할 수 있습니다.

하나 스마트폰으로는 이렇게 이용하세요!

1. 스마트폰에서 QR코드 리더 앱을 실행하세요!
2. 동영상 강의 QR코드를 스캔하면 강의가 시작됩니다!

둘 시나공 홈페이지에서는 이렇게 이용하세요!

1. 시나공 홈페이지(sinagong.co.kr)에 접속한 후 로그인(비회원 회원 가입)합니다.

2. 상단 메뉴중 [동영상 강좌] → [토막강의(무료)]를 클릭하세요.

3. 토막 강의번호 검색 란에 QR코드 상단에 표기된 동영상 강의 번호를 입력하고 〈찾기〉를 클릭하여 강의를 시청하세요.

셋 유튜브에서는 이렇게 이용하세요!

1. 유튜브 검색 창에 "시나공" + 동영상 강의 번호를 입력하세요.

| 시나공123001 | ⌨ | 🔍 |

2. 검색된 항목 중 원하는 동영상 강의를 클릭하여 시청하세요.

서비스 하나
시나공 홈페이지
시험 정보 제공!

IT 자격증 시험, 혼자 공부하기 막막하다고요? 시나공 홈페이지에서 대한민국 최대, 50만 회원들과 함께 공부하세요.

지금 sinagong.co.kr에 접속하세요!

시나공 홈페이지에서는 최신기출문제와 해설, 선배들의 합격 수기와 합격 전략, 책 내용에 대한 문의 및 관련 자료 등 IT 자격증 시험을 위한 모든 정보를 제공합니다.

서비스 둘
수험생 지원센터
무엇이든 물어보세요!

공부하다 답답하거나 궁금한 내용이 있으면, 시나공 홈페이지 '묻고 답하기' 게시판에 질문을 올리세요. 길벗알앤디의 전문가들이 빠짐없이 답변해 드립니다.

서비스 셋
합격을 위한
학습 자료

시나공 홈페이지 회원으로 가입하면 시험 준비에 필요한 학습 자료를 내려받을 수 있습니다.

- **기출문제** : 최근에 출제된 기출문제를 제공합니다. 최신기출문제로 현장 감각을 키우세요.

서비스 넷
실기 시험 대비
온라인 특강 서비스

(주)도서출판 길벗에서는 실기 시험 준비를 위한 온라인 특강을 제공하고 있습니다. 다음과 같은 방법으로 이용하세요.

실기 특강 온라인 강좌는 이렇게 이용하세요!

1. 시나공 홈페이지(sinagong.co.kr)에 접속하여 로그인 하세요!(비회원 회원 가입)
2. 상단 메뉴 중 [동영상 강좌] → [실기특강(무료)]을 클릭하세요!
3. 실기 특강 목록에서 원하는 강좌를 클릭하여 시청하세요.
※ '실기특강' 서비스는 시나공 홈페이지 회원 중 구입 도서를 등록한 분께 제공됩니다.

시나공 만의
동영상 강좌

독학이 가능한 친절한 교재가 있어도
준비할 시간이 부족하다면?

길벗출판사의 '동영상 강좌' 이용 안내

1. 시나공 홈페이지(sinagong.co.kr)에 접속하여 로그인 하세요.
2. 상단 메뉴 중 [동영상 강좌]를 클릭하세요.
3. 원하는 강좌를 선택하고 [수강 신청하기]를 클릭하세요.
4. 우측 상단의 [마이길벗] → [나의 동영상 강좌]로 이동하여 강좌를 수강하세요.
※ 기타 동영상 이용 문의 : 독자지원(02-332-0931)

시나공 서비스 이용을 위한
회원 가입 방법

1. 시나공 홈페이지(sinagong.co.kr)에 접속하여 우측 상단의 〈회원가입〉을 클릭하고 〈이메일 주소로 회원가입〉을 클릭합니다.
   ※ 회원가입은 소셜 계정으로도 가입할 수 있습니다.
2. 가입 약관 동의를 선택한 후 〈동의〉를 클릭합니다.
3. 회원 정보를 입력한 후 〈이메일 인증〉을 클릭합니다.

4. 회원 가입 시 입력한 이메일 계정으로 인증 메일이 발송됩니다. 수신한 인증 메일을 열어 이메일 계정을 인증하면 회원가입이 완료됩니다.

채점 프로그램을 사용하려면?

1 채점하기

1. 시나공 홈페이지(sinagong.co.kr)에 접속하여 오른쪽 상단의 〈로그인〉을 클릭한 후 아이디와 패스워드를 넣고 로그인하세요.

※ '이메일 주소(아이디)'가 없는 경우에는 〈회원가입〉을 클릭하여 회원으로 가입하세요. '회원가입'에 대한 내용은 13쪽을 참고하세요.

2. 위쪽의 메인 메뉴에서 [온라인 채점] → [채점하기]를 클릭하세요.

3. '채점하기'에서 채점할 도서로 '2024 시나공 컴퓨터활용능력 2급 실기[기출문제집]'을 클릭하세요.

※ 간혹 '2024 시나공 컴퓨터활용능력 2급 실기[기본서]'를 선택하는 경우가 있습니다. 교재명을 정확히 확인한 후 '2024 시나공 컴퓨터활용능력 2급 실기[기출문제집]'을 선택하세요.

4. '시험 유형 선택'에서 채점할 파일의 '시험 유형', '시험 회차'를 차례로 선택하세요. 아래쪽에 '채점할 파일 등록' 창이 나타납니다.

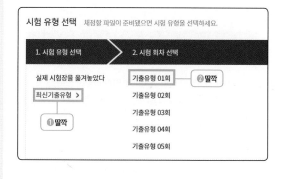

5. 채점할 파일을 '채점할 파일 등록' 창으로 드래그하거나 〈파일 업로드〉를 클릭한 후 '열기' 대화상자에서 채점할 파일을 선택하고 〈열기〉를 클릭하세요.

6. 파일이 업로드 된 후 〈채점하기〉를 클릭하면 채점이 수행됩니다.

7. 채점이 완료되면 '채점결과'가 표시됩니다.

② 틀린 부분 확인하기

'채점결과'에는 시험 유형, 점수, 합격 여부 그리고 감점 내역이 표시되며, 왼쪽의 문제 번호를 클릭하면 해당 문제의 감점 내역을 확인할 수 있습니다. 올바르게 작성했는데도 틀리다고 표시된 경우에는 시나공 홈페이지 위쪽의 메인 메뉴에서 [묻고 답하기]를 클릭하여 해당 문제에 대해 궁금한 점을 문의할 수 있습니다.

실습용 데이터 파일을 사용하려면?

1. 시나공 홈페이지(sinagong.co.kr)에 접속하여 위쪽의 메인 메뉴에서 [자료실]을 클릭하세요.

2. '자료실'에서 [컴퓨터활용능력]을 클릭한 후 하위 항목에서 [컴퓨터활용능력 2급 실기]만 남기고 모두 체크 표시를 해제하세요.

3. '실습예제'에서 '2024 시나공 컴퓨터활용능력 2급 실기[기출문제집]'을 클릭하세요.

   ※ 간혹 '2024 시나공 컴퓨터활용능력 2급 실기[기본서]'를 선택하는 경우가 있습니다. 교재명을 정확히 확인한 후 '2024 시나공 컴퓨터활용능력 2급 실기[기출문제집]'을 선택하세요.

4. 이어서 [전체펼치기] → 🔽 → 🔼 → [열기]를 차례대로 클릭하세요.

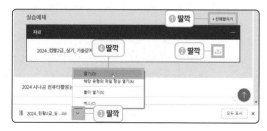

5. 압축 프로그램 창에서 〈압축풀기〉를 클릭하세요.

6. '압축풀기' 대화상자에서 압축파일을 풀어놓을 폴더를 '로컬 디스크 C:\'로 지정한 후 〈확인〉을 클릭하세요. '로컬 디스크 C:\'에 '길벗컴활2급기출' 폴더가 생성됩니다.

7. 정상적으로 설치되었는지 '로컬 디스크 C:\길벗컴활2급기출' 폴더를 확인하세요. 이 폴더에 저장된 파일은 책에 수록된 문제를 풀 때 사용됩니다.

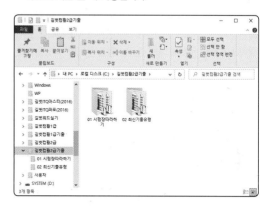

폴더 및 파일의 용도

- **01 시험장따라하기** : 1장 '실제 시험장을 옮겨 놓았다!'의 문제 및 정답 파일
- **02 최신기출유형** : 기출유형에서 사용되는 문제 및 정답 파일

1 장

실제 시험장을
옮겨 놓았다!

시험장 실제 시험장을 옮겨 놓았다!

시험이란 항상 긴장되고, 마음이 두근거리기 마련입니다. 이 장에서는 수험자가 입실하여 문제를 풀고, 퇴실하는 과정을 상세히 다루었습니다. 입실에서 퇴실까지 차근차근 따라하며 시험에 대비하세요.

1 입실(시험 시작 10분 전)

컴퓨터활용능력 2급 실기 시험은 40분 동안 치뤄지는데 보통 시험장에 도착하여 대기하다 10분 전에 입실합니다. 수험표에 지정된 시간까지 도착하지 않으면 입실을 거부당해 시험에 응시하실 수 없습니다. 또한 시험장 입실 시 수험표와 자신을 증명할 수 있는 신분증을 반드시 지참해야 합니다. 시험장에 입실하여 자신의 인적사항과 자리 번호가 표시된 컴퓨터에 앉아서 기다리면 시험 감독위원이 여러분의 인적사항을 확인합니다.

2 신분증 및 수험표 확인

본인 확인을 위해 수험생이 소지한 신분증과 수험표를 확인하는 과정을 거칩니다. 신분증은 주민등록증, 운전면허증을 포함하여 '대한상공회의소'가 공지한 신분증 인정 범위에 속한 증명서만이 신분증으로 인정됩니다.

3 유의사항 및 컴퓨터 확인

컴퓨터 화면 상단에는 시험 관련 유의사항이, 하단에는 〈연습하기〉 버튼이 표시됩니다. 유의사항을 꼼꼼하게 읽어본 후 〈연습하기〉 버튼을 눌러 자신의 컴퓨터에서 엑셀이 정상적으로 작동하는지 확인합니다. 문제가 있는 경우 손을 들고 감독관을 불러 조치를 받아야 합니다.

지급받은 문제는 보통 지시사항과 풀어야 할 문제를 포함한 4면의 문서로 되어 있습니다. 확인하고 이상이 있으면 감독위원에게 문의하여 처리하세요.

실제 시험장에서 엑셀 문제를 풀 때는 몇 가지 요령이 필요합니다.

첫째, 아는 문제는 바로 풀지만 모르거나 바로 생각나지 않는 문제는 일단 표시해 두고 다음 문제를 풉니다.

둘째, [문제 2] 계산작업은 다른 모든 문제를 푼 다음 가장 나중에 풉니다.

셋째, [문제 2] 계산작업을 풀 때, 머릿속에 대략의 수식이 바로 세워지는 문제는 바로 풀어야 하지만, 수식이 바로 세워지지 않는 문제는 일단 표시해 두고 다음 문제를 풀어야 합니다.

이런 순서로 문제를 푸는 이유는 풀릴 듯 말 듯한 문제를 고민하다 시간을 다 허비하는 실수를 방지하기 위해서입니다.

공부할 때는 [문제2 계산작업]을 가장 먼저 공부해야 하지만, 실제 시험장에서는 가장 나중에 푸는 것이 좋습니다.

다음은 최근 출제 경향이 잘 반영된 기출문제입니다. 풀이 과정을 따라하면서 전반적인 시험 분위기를 익히기 바랍니다.

전문가의 조언

다음에 제시된 문제는 시험을 치룬 학생들의 기억을 토대로 복원한 것이므로, 일부 내용이 실제 시험과 다를 수 있습니다.

국 가 기 술 자 격 검 정

2024년 컴퓨터활용능력 실기시험

프로그램명	제한시간	수험번호 :
EXCEL 2021	40분	성 명 :

2급

〈 유 의 사 항 〉

- 인적 사항 누락 및 잘못 작성으로 인한 불이익은 수험자 책임으로 합니다.
- 화면에 암호 입력창이 나타나면 아래의 암호를 입력하여야 합니다.
  - ○ **암호 : 4685#9**
- 작성된 답안은 주어진 경로 및 파일명을 변경하지 마시고 그대로 저장해야 합니다.
  이를 준수하지 않으면 실격 처리됩니다.
  - ○ **답안 파일명의 예 : C:\OA\수험번호8자리.xlsm**
- **외부 데이터 위치 : C:\OA\파일명**
- 별도의 지시사항이 없는 경우, 다음과 같이 처리 시 실격 처리됩니다.
  - ○ 제시된 시트 및 개체의 순서나 이름을 임의로 변경한 경우
  - ○ 제시된 시트 및 개체를 임의로 추가 또는 삭제한 경우
  - ○ 외부 데이터를 시험 시작 전에 열어본 경우
- 답안은 반드시 문제에서 지시 또는 요구한 셀에 입력하여야 하며, 다음과 같이 처리 시 채점 대상에서 제외됩니다.
  - ○ 제시된 함수가 있을 경우 제시된 함수만을 사용하여야 하며 그 외 함수 사용 시 채점 대상에서 제외
  - ○ 수험자가 임의로 지시하지 않은 셀의 이동, 수정, 삭제, 변경 등으로 인해 셀의 위치 및 내용이 변경된 경우 해당 작업에 영향을 미치는 관련문제 모두 채점 대상에서 제외
  - ○ 도형 및 차트의 개체가 중첩되어 있거나 동일한 계산결과 시트가 복수로 존재할 경우 해당 개체나 시트는 채점 대상에서 제외
- 수식 작성 시 제시된 문제 파일의 데이터는 변경 가능한(가변적) 데이터임을 감안하여 문제 풀이를 하시오.
- 별도의 지시사항이 없는 경우, 주어진 각 시트 및 개체의 설정값 또는 기본 설정값(Default)으로 처리하시오.
- 저장 시간은 별도로 주어지지 않으므로 제한된 시간 내에 저장을 완료해야 하며, 제한 시간 내에 저장이 되지 않은 경우에는 실격 처리됩니다.
- 출제된 문제의 용어는 Microsoft Office 2021(LTSC 2108 버전) 기준으로 작성되어 있습니다.

대한상공회의소

123002

문제 1 기본작업(20점) 주어진 시트에서 다음 과정을 수행하고 저장하시오.

1. '기본작업-1' 시트에 다음의 자료를 주어진 대로 입력하시오. (5점)

	A	B	C	D	E	F
1	지역별 제품구매 내역					
2						
3	지역	주문일자	제품명	담당자	제품가	주문량
4	서울	2023-10-12	Sound Card	한대만	148,000	250
5	대전	2023-10-12	Mainboard	이성은	110,000	300
6	대구	2023-10-13	Printer	서지태	250,000	200
7	부산	2023-10-13	Keyboard	유인아	80,000	500
8	광주	2023-10-14	Scanner	엄경현	270,000	100
9	제주	2023-10-15	Speaker	신채용	160,000	260
10	강원	2023-10-15	Mouse	이무원	35,000	600
11						

2. '기본작업-2' 시트에 대하여 다음의 지시사항을 처리하시오. (각 2점)

① [A1:H1] 영역은 '병합하고 가운데 맞춤', 글꼴 '굴림체', 크기 16, 글꼴 스타일 '굵게', 밑줄 '실선'으로 지정하시오.

② [A3:H3], [A4:A15] 영역은 '가로 가운데 맞춤'을 지정하고, 글꼴 색 '표준 색 – 노랑', 채우기 색 '표준 색 – 파랑'으로 지정하시오.

③ [H8] 셀에 "최대이익금액"이라는 메모를 삽입한 후 항상 표시되도록 지정하고, 메모 서식에서 맞춤 '자동 크기'를 지정하시오.

④ [B4:B15], [F4:H15] 영역은 사용자 지정 표시 형식을 이용하여 천 단위 구분 기호와 숫자 뒤에 "만원"을 [표시 예]와 같이 표시하시오. [표시 예 : 1200 → 1,200만원, 0 → 0만원]

⑤ [A3:H15] 영역은 '모든 테두리(⊞)'를 적용한 후 '굵은 바깥쪽 테두리(⊞)'를 적용하여 표시하시오.

3. '기본작업-3' 시트에서 다음의 지시사항을 처리하시오. (5점)

'사원별 월급여 수령액' 표에서 직위가 '대리'이고, 수령액이 2,600,000 이상인 데이터를 고급 필터를 사용하여 검색하시오.

▶ 고급 필터 조건은 [A22:E24] 영역 내에 알맞게 입력하시오.

▶ 고급 필터 결과 복사 위치는 동일 시트의 [A26] 셀에서 시작하시오.

123003

문제 2 계산작업(40점) '계산작업' 시트에서 다음 과정을 수행하고 저장하시오.

1. [표1]에서 총점[E3:E12]에 대한 순위를 구하여 1위는 "금상", 2위는 "은상", 3위는 "동상", 그 외에는 공백을 수상[F3:F12]에 표시하시오. (8점)

▶ 순위는 총점이 큰 것이 1위

▶ IF, RANK.EQ 함수 사용

실제 시험장을 옮겨놓았다! **21**

2. [표2]에서 주택코드[I3:I12]의 첫 번째 문자와 주택유형표[I15:L16]를 참조하여 주택유형[L3:L12]을 표시하시오. (8점)

▶ HLOOKUP, LEFT 함수 사용

3. [표3]에서 지역[B16:B24]이 "서울"인 PC기종의 총판매량[F16:F24] 합계를 [F26] 셀에 계산하시오. (8점)

▶ 서울총판매량 합계는 일의 자리에서 반올림하여 십의 자리까지 표시 [표시 예 : 126 → 130]
▶ 조건은 [C26:C27] 영역에 입력하시오.
▶ ROUND, DSUM 함수 사용

4. [표4]에서 성별[I20:I30]이 "남자"이면서 결과[M20:M30]가 "합격"인 남자 합격자수를 [M32] 셀에 계산하시오. (8점)

▶ 계산된 합격자수 뒤에 "명"을 포함하여 표시 [표시 예 : 2명]
▶ SUMIF, SUMIFS, COUNTIF, COUNTIFS 함수 중 알맞은 함수와 & 연산자 사용

5. [표5]에서 주민등록번호[D31:E38]의 왼쪽에서 8번째 문자가 "1" 또는 "3"이면 "남", "2" 또는 "4"이면 "여"를 성별 [F31:F38]에 표시하시오. (8점)

▶ CHOOSE, MID 함수 사용

123004

 문제 3 분석작업(20점) 주어진 시트에서 다음 작업을 수행하고 저장하시오.

1. '분석작업-1' 시트에 대하여 다음의 지시사항을 처리하시오. (10점)

[부분합] 기능을 이용하여 '도서 판매 현황' 표에 〈그림〉과 같이 분류별로 '판매량'의 최대를 계산한 후 '순이익'의 평균을 계산하시오.

▶ 정렬은 '분류'를 기준으로 내림차순으로 처리하시오.
▶ 최대와 평균은 위에 명시된 순서대로 처리하시오.

	A	B	C	D	E	F	G
1			도서 판매 현황				
2							
3	분류	도서명	판매가	판매량	광고비	배송비	순이익
4	취미/실용	꽃꽂이수업	12,000	2,134	800,000	2,134,000	22,674,000
5	취미/실용	와인고르기	18,000	2,233	800,000	2,233,000	37,161,000
6	취미/실용	종이접기	15,000	1,387	800,000	1,387,000	18,618,000
7	취미/실용 평균						26,151,000
8	취미/실용 최대			2,233			
9	인문/교양	산의세상	15,000	1,286	700,000	1,286,000	17,304,000
10	인문/교양	나의글쓰기	18,000	1,540	700,000	1,540,000	25,480,000
11	인문/교양	우리사회	17,000	2,093	700,000	2,093,000	32,788,000
12	인문/교양 평균						25,190,667
13	인문/교양 최대			2,093			
14	수험서	워드프로세서	16,000	2,471	600,000	2,471,000	36,465,000
15	수험서	사무자동화	22,000	1,682	600,000	1,682,000	34,722,000
16	수험서	컴퓨터활용능력	21,000	2,176	600,000	2,176,000	42,920,000
17	수험서 평균						38,035,667
18	수험서 최대			2,471			
19	소설	정글로	20,000	2,571	1,200,000	2,571,000	47,649,000
20	소설	우람한거짓말	14,000	2,201	1,200,000	2,201,000	27,413,000
21	소설	제5인류	14,000	1,888	1,200,000	1,888,000	23,344,000
22	소설 평균						32,802,000
23	소설 최대			2,571			
24	경제/경영	장사의신	16,000	1,238	1,000,000	1,238,000	17,570,000
25	경제/경영	미래 경제	21,000	1,007	1,000,000	1,007,000	19,140,000
26	경제/경영	퍼팩트머니	13,000	1,793	1,000,000	1,793,000	20,516,000
27	경제/경영 평균						19,075,333
28	경제/경영 최대			1,793			
29	전체 평균						28,250,933
30	전체 최대값			2,571			
31							

2. '분석작업-2' 시트에 대하여 다음의 지시사항을 처리하시오. (10점)

[피벗 테이블] 기능을 이용하여 '4월 핸드폰 사용 현황' 표의 고객코드는 '필터', 요금제는 '행', 가입일은 '열'로 처리하고, '값'에 기본료와 결제금액의 평균을 계산하시오.

▶ 피벗 테이블 보고서는 동일 시트의 [A18] 셀에서 시작하시오.

▶ 피벗 테이블 보고서는 열의 총합계만 설정하시오.

▶ 가입일은 '월' 단위로 그룹을 지정하시오.

▶ 값 영역의 표시 형식은 '값 필드 설정'의 '셀 서식' 대화상자에서 '숫자' 범주와 '1000 단위 구분 기호 사용'을 이용하여 지정하시오.

123005

문제 **4**   기타작업(20점) 주어진 시트에서 다음 작업을 수행하고 저장하시오.

1. '매크로작업' 시트의 [표]에서 다음과 같은 기능을 수행하는 매크로를 현재 통합 문서에 작성하고 실행하시오. (각 5점)

① [G4:G13] 영역에 총점을 계산하는 매크로를 생성하여 실행하시오.

▶ 매크로 이름 : 총점

▶ SUM 함수 사용

▶ [개발 도구] → [컨트롤] → [삽입] → [양식 컨트롤]의 '단추(□)'를 동일 시트의 [I3:J4] 영역에 생성하고, 텍스트를 "총점"으로 입력한 후 단추를 클릭할 때 '총점' 매크로가 실행되도록 설정하시오.

② [A3:G3] 영역에 글꼴 색을 '표준 색 – 빨강', 채우기 색을 '표준 색 – 노랑'으로 적용하는 매크로를 생성하여 실행하시오.

▶ 매크로 이름 : 서식

▶ [삽입] → [일러스트레이션] → [도형] → [기본 도형]의 '사각형: 빗면(□)'을 동일 시트의 [I6:J7] 영역에 생성하고, 텍스트를 "서식"으로 입력한 후 도형을 클릭할 때 '서식' 매크로가 실행되도록 설정하시오.

※ 셀 포인터의 위치에 상관없이 현재 통합 문서에서 매크로가 실행되어야 정답으로 인정됨

2. '차트작업' 시트의 차트를 지시사항에 따라 아래 〈그림〉과 같이 수정하시오. (각 2점)

※ 차트는 반드시 문제에서 제공한 차트를 사용하여야 하며, 신규로 작성 시 0점 처리됨

① '합계요금' 계열이 제거되도록 데이터 범위를 수정하시오.

② 차트 제목은 '차트 위'로 추가하여 〈그림〉과 같이 입력하고, 글꼴 '궁서체', 크기 16, 밑줄 '실선'으로 지정하시오.

③ '기본요금' 계열의 '스타락스' 요소에만 데이터 레이블 '값'을 표시하고, 레이블의 위치를 '안쪽 끝에'로 지정하시오.

④ 세로(값) 축의 최대값을 50,000, 기본 단위를 10,000으로 지정하시오.

⑤ 차트 영역의 테두리는 '너비' 3pt의 '둥근 모서리'로 지정하시오.

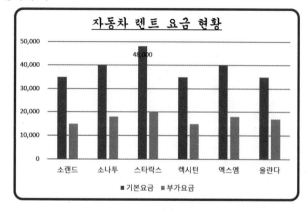

감독위원이 시험 시작을 알리면 시험 관련 유의사항이 화면에서 사라지고 파일명이 수험번호로 지정된 문제 파일이 화면에 나타납니다.

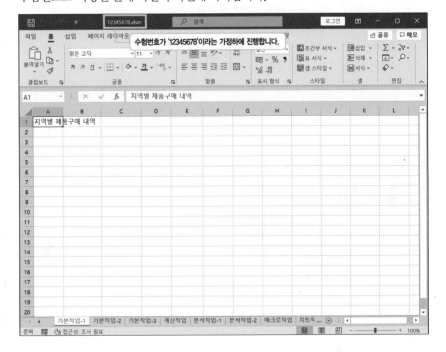

 기본작업 풀이

01. 자료 입력

'기본작업-1' 시트를 선택한 후 다음의 내용을 정확하게 입력하세요.

	A	B	C	D	E	F
1	지역별 제품구매 내역					
2						
3	지역	주문일자	제품명	담당자	제품가	주문량
4	서울	2023-10-12	Sound Card	한대만	148,000	250
5	대전	2023-10-12	Mainboard	이성은	110,000	300
6	대구	2023-10-13	Printer	서지태	250,000	200
7	부산	2023-10-13	Keyboard	유인아	80,000	500
8	광주	2023-10-14	Scanner	엄경헌	270,000	100
9	제주	2023-10-15	Speaker	신채용	160,000	260
10	강원	2023-10-15	Mouse	이무원	35,000	600
11						

02. 서식 설정

1. '기본작업-2' 시트를 선택한 후 [A1:H1] 영역을 블록으로 지정하세요.

2. [홈] → **글꼴**에서 글꼴 '굴림체', 크기 16, 글꼴 스타일 '굵게(**가**)', 밑줄 '실선(**가**)'을 지정하고, **맞춤**에서 '병합하고 가운데 맞춤'을 클릭하세요.

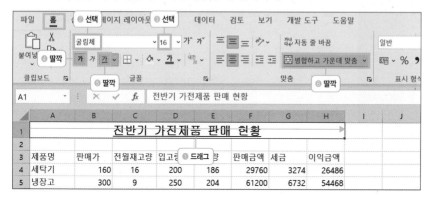

3. [A3:H3], [A4:A15] 영역을 블록으로 지정한 후 [홈] → **글꼴**에서 채우기 색(**🎨 ▾**) '파랑', 글꼴 색(**가 ▾**) '노랑'을 지정하고, **맞춤**에서 '가운데 맞춤(**≡**)'을 클릭하세요.

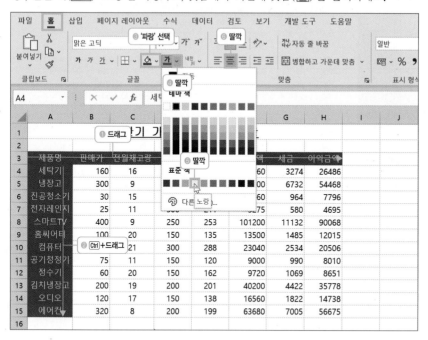

 전문가의 조언

· 리본 메뉴에 있는 '**가**(밑줄)'은 '셀 서식' 대화상자에서 '실선'을 선택한 것과 같고 '**가**(이중 밑줄)'은 '이중 실선'과 같습니다. 지시사항으로 '실선(회계용)'이나 '이중 실선(회계용)'이 나오면 '셀 서식' 대화상자의 '글꼴' 탭의 '밑줄'에서 선택해야 합니다.
· 글꼴이나 크기를 지정할 때 해당 항목을 찾기 어려우면 글꼴이나 크기를 클릭한 후 직접 입력해도 됩니다.

딸깍 → 굴림체 입력 → Enter

 전문가의 조언

· 서로 떨어져 있는 영역을 블록으로 지정하려면 Ctrl을 이용합니다. 즉 [A3:H3] 영역을 드래그한 후 Ctrl을 누른 채 [A4:A15] 영역을 드래그하세요.
· 채우기 색(**🎨 ▾**)이나 글꼴 색(**가 ▾**)의 ▾(자세히)를 클릭하면 아래 그림과 같이 색상표가 나타납니다. 선택하고자 하는 색이 혼동될 경우에는 색상 위로 마우스 포인터를 이동하세요. 풍선 도움말이 나타나 색상을 알려줍니다.

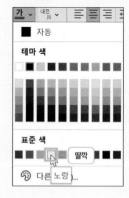

메모를 삽입하는 다른 방법
엑셀 2021의 버전에 따라 메뉴 명칭이 다를 수 있습니다. [F3] 셀을 선택하고 마우스 오른쪽 버튼을 클릭한 후 바로 가기 메뉴에서 [메모 삽입] 또는 [새 노트]를 선택하면 됩니다.

4. [H8] 셀을 선택한 후 메모를 삽입하는 바로 가기 키 Shift + F2 를 누르세요.

	A	B	C	D	E	F	G	H	I	J
1				전반기 가전제품 판매 현황						
2										
3	제품명	판매가	전월재고량	입고량	판매량	판매금액	세금	이익금액		
4	세탁기	160	16	200	186	29760	3274	26486		
5	냉장고	300	9	250	204	61200	6732	54468		
6	진공청소기	30	15	300	292	8760	964	7796		
7	전자레인지	25	11	300	211	5275	580	4695		
8	스마트TV	400	9	250	253	101200	11132	90068		
9	홈씨어터	100	20	150	135	13500	1485	12015		
10	컴퓨터	80	21	300	288	23040	2534	20506		
11	공기청정기	75	11	150	120	9000	990	8010		
12	정수기	60	20	150	162	9720	1069	8651		
13	김치냉장고	200	19	200	201	40200	4422	35778		
14	오디오	120	17	150	138	16560	1822	14738		
15	에어컨	320	8	200	199	63680	7005	56675		
16										

딸깍 → Shift + F2

5. 메모에 입력되어 있는 내용을 모두 삭제하고 **최대이익금액**을 입력하세요.

	A	B	C	D	E	F	G	H	I	J
1				전반기 가전제품 판매 현황						
2										
3	제품명	판매가	전월재고량	입고량	판매량	판매금액	세금	이익금액		
4	세탁기	160	16	200	186	29760	3274	26486		
5	냉장고	300	9	250	204	61200	6732	54468		
6	진공청소기	30	15	300	292	8760	964	7796		
7	전자레인지	25	11	300	211	5275	580	4695		
8	스마트TV	400	9	250	253	101200	11132	90068		
9	홈씨어터	100	20	150	135	13500	1485	12015		
10	컴퓨터	80	21	300	288	23040	2534	20506		
11	공기청정기	75	11	150	120	9000	990	8010		
12	정수기	60	20	150	162	9720	1069	8651		
13	김치냉장고	200	19	200	201	40200	4422	35778		
14	오디오	120	17	150	138	16560	1822	14738		
15	에어컨	320	8	200	199	63680	7005	56675		
16										

입력
최대이익금액

6. 마우스 포인터를 메모의 경계선으로 옮겨 마우스 포인터가 ⁜ 모양으로 바뀌면 마우스 오른쪽 버튼을 클릭한 후 바로 가기 메뉴에서 **[메모 서식]**을 선택하세요.

	A	B	C	D	E	F	G	H	I	J	K
1			전반기 가전제품 판매 현황								
2											
3	제품명	판매가	전월재고량	입고량	판매량	판매금액	세금	이익금액			
4	세탁기	160	16	200	186	29760	3274	26486			
5	냉장고	300	9	250	204	61200	6732	544			
6	진공청소기	30	15	300	292	8760	964	7756			
7	전자레인지	25	11	300	211	5275	580	4695			
8	스마트TV	400	9	250	253	101200	11132	90068			
9	홈씨어터	100	20	150	135	13500	1485	12015			
10	컴퓨터	80	21	300	288	23040	2534	20506			
11	공기청정기	75	11	150	120	9000	990	8010			
12	정수기	60	20	150	162	9720	1069	8651			
13	김치냉장고	200	19	200	201	40200	4422	35778			
14	오디오	120	17	150	138	16560	1822	14738			
15	에어컨	320	8	200	199	63680	7005	56675			

7. '메모 서식' 대화상자의 '맞춤' 탭에서 '자동 크기'를 선택한 후 〈확인〉을 클릭하세요.

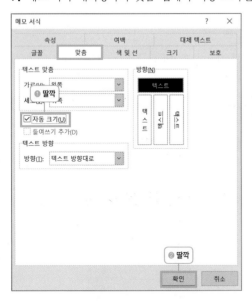

궁금해요

시나공 Q&A 베스트

Q '메모 서식' 대화상자에 '글꼴' 탭만 있어요!

A 메모 안에서 마우스 오른쪽 버튼을 클릭했기 때문입니다. 마우스 포인터를 메모의 외곽선으로 가져가 마우스 포인터의 모양이 ⁜ 모양으로 바뀌었을 때 마우스 오른쪽 버튼을 클릭한 후 바로 가기 메뉴에서 [메모 서식]을 선택해야 합니다.

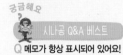

8. 메모가 항상 표시되도록 하기 위해 [H8] 셀의 바로 가기 메뉴에서 [**메모 표시/숨기기**]를 선택합니다.

	A	B	C	D	E	F	G	H	I	J	K
1			전반기 가전제품 판매 현황								
2											
3	제품명	판매가	전월재고량	입고량	판매량	판매금액	세금	이익금액			
4	세탁기	160	16	200	186	29760	3274	26486			
5	냉장고	300	9	250	204	61200	6732				
6	진공청소기	30	15	300	292	8760	964				
7	전자레인지	25	11	300	211	5275	580				
8	스마트TV	400	9	250	253						
9	홈씨어터	100	20	150	135	13500	1485				
10	컴퓨터	80	21	300	288	23040	2534				
11	공기청정기	75	11	150	120	9000	990				
12	정수기	60	20	150	162	9720	1069				
13	김치냉장고	200	19	200	201	40200	4422				
14	오디오	120	17	150	138	16560	1822				
15	에어컨	320	8	200	199	63680	7005				

① 오른쪽 딸깍

- ✂ 잘라내기(T)
- 📋 복사(C)
- 📋 붙여넣기 옵션:
  - 📋
- 선택하여 붙여넣기(S)...
- 🔍 스마트 조회(L)
- 삽입(I)...
- 삭제(D)...
- 내용 지우기(N)
- 📊 빠른 분석(Q)
- 필터(E) ＞
- 정렬(O) ＞
- 📋 표/범위에서 데이터 가져오기(G)...
- 📝 메모 편집... ② 딸깍
- 📝 메모 삭제(M)
- 📝 메모 표시/숨기기(O)
- 📋 셀 서식(F)...

9. [B4:B15], [F4:H15] 영역을 블록으로 지정한 후 Ctrl + 1 을 누르세요. '셀 서식' 대화상자가 나타납니다.

	A	B	C	D	E	F	G	H	I	J
1			전반기 가전제품 판매 현황							
2										
3	제품명	판매가	전월재고량	입고량	판매량	판매금액	세금	이익금액		
4	세탁기	160	16	200	186	29760	3274	26486		
5	냉장고	300	9	250	204	61200	6732	54468		
6	진공청소기	30	15	300	292	8760	964	7796		
7	전자레인지	25	11	300	211	5275	580	4695		
8	스마트TV	400	9	250	253	101200	11132	90068	최대이익금액	
9	홈씨어터	100		150	135	13500	1485			
10	컴퓨터	80		300	288	23040	2534	20506		
11	공기청정기	75	11	150	120	9000	990	8010		
12	정수기	60	20	150	162	9720	1069	8651		
13	김치냉장고	200	19	200	201	40200	4422	35778		
14	오디오	120	17	150	138	16560	1822	14738		
15	에어컨	320	8	200	199	63680	7005	5667		
16										

① 드래그

② Ctrl + 드래그 → Ctrl + 1

10. '셀 서식' 대화상자의 '표시 형식' 탭에서 범주의 '사용자 지정'을 선택하고 '형식'에
#,##0"만원"을 입력한 후 〈확인〉을 클릭하세요.

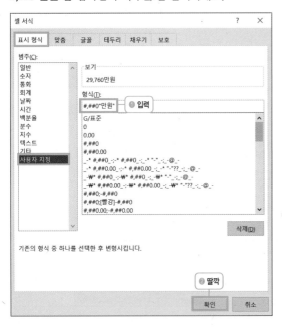

자주 출제되는 사용자 지정 표시 형식

셀값	형식	결과
1000	0"개"	1000개
1000	#,##0"원"	1,000원
1000000	#,##0,"천원"*	1,000천원
2024년	@"까지"	2024년까지
0~100	@"%"	0~100%
2024-01-01	mm"월" dd"일"	01월 01일
2024-01-01	yy"年" mm"月" dd"日"	24年 01月 01日
2024-01-01	dd"일"(aaaa)	01일(월요일)
2024-01-01	m/d(aaa)	1/1(월)

한자는 **년, 월, 일**을 입력한 후 한자를 누르면
나타나는 한자 목록에서 선택합니다.

전문가의 조언

서식 코드(#,##0) 뒤에 ,(콤마)를 하
나씩 입력할 때마다 천 단위씩 생
략됩니다.

원본 데이터	서식	결과
1000000	#,##0	1,000,000
1000000	#,##0,	1,000
1000000	#,##0,,	1

11. [A3:H15] 영역을 블록으로 지정하고 [홈] → 글꼴 → **테두리**(⊞ ⌄)의 ⌄를 클릭한
후 '모든 테두리(⊞)'와 '굵은 바깥쪽 테두리(▢)'를 차례로 선택하세요.

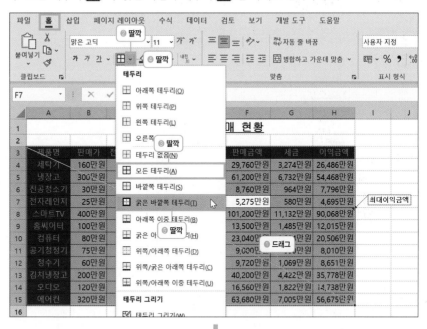

03. 고급 필터

1. '기본작업-3' 시트를 선택한 후 [A22:B23] 영역에 그림과 같이 조건을 입력하세요.

	A	B	C
21			
22	직위	수령액	
23	대리	>=2600000	
24			

고급 필터의 조건 지정 방법

고급 필터의 조건에는 "~이고", "그리고" 등으로 두 문장이 연결되면 두 문장에 대한 조건을 모두 만족하는 데이터를 찾는 AND(그리고) 조건과 "또는", "~이거나" 등이 문장 중에 포함되어 있으면 두 문장의 조건 중 하나라도 만족하는 데이터를 찾는 OR(또는) 조건이 있습니다.

• **AND 조건 :** 조건을 같은 행에 입력합니다.

나이	급여
>=20	>=800000

나이가 20 이상이고,
급여가 800000 이상인 데이터

나이	급여	지역
>=20	>=800000	서울

나이가 20 이상이고, 급여가 800000 이상이고,
지역이 "서울"인 데이터

• **OR 조건 :** 조건을 다른 행에 입력합니다.

나이	급여
>=20	
	>=800000

나이가 20 이상이거나,
급여가 800000 이상인 데이터

나이	급여	지역
>=20		
	>=800000	
		서울

나이가 20 이상이거나, 급여가 800000 이상이거나,
지역이 "서울"인 데이터

지역
서울
부산

지역이 "서울"이거나 "부산"인 데이터

• **AND와 OR 결합 조건 :** 하나의 필드에 여러 조건을 지정합니다. AND 조건이 먼저 계산됩니다.

나이	지역
>=20	서울
>=60	부산

나이가 20 이상이고 지역이 "서울"이거나,
나이가 60 이상이고 지역이 "부산"인 데이터

전문가의 조언

• 고급 필터를 적용하려면 먼저 조건을 입력해야 합니다. 문제지에 제시된 조건 영역 중 첫 행에는 필드명을 입력하고 다음 행부터 조건을 입력한다는 것! 꼭 기억하세요!

• 필드명은 실제 데이터 범위의 필드명([A3:G3])과 동일하게 입력해야 합니다. 가장 좋은 방법은 필드명을 복사(Ctrl+C)하여 붙여 넣는 것(Ctrl+V)입니다.

2. 조건을 입력했으면 데이터 범위(A3:G19) 안에 셀 포인터를 놓고 [데이터] → 정렬 및 필터 → **고급**을 클릭하세요.

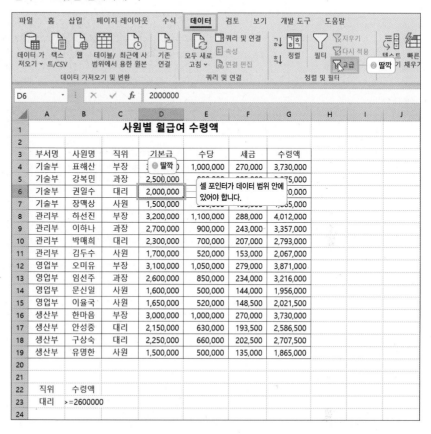

3. '고급 필터' 대화상자에서 목록 범위, 조건 범위, 추출한 데이터의 복사 위치 등을 지정해야 합니다. 현재 데이디가 있는 영역이 아닌 다른 장소에 결과를 추출하기 위해 '다른 장소에 복사'를 선택합니다.

전문가의 조언

'고급 필터' 대화상자에서 '현재 위치에 필터'를 선택할 경우에는 현재 사용하는 원본 데이터가 있는 위치에 결과가 추출되기 때문에 '복사 위치', 즉 추출한 데이터의 표시 위치를 지정할 수 없습니다.

4. 고급 필터를 수행하기 전에 셀 포인터 위치가 목록 범위(A3:G19) 안에 있었기 때문에 목록 범위가 자동으로 지정되므로 '조건 범위'와 '복사 위치'만 지정하면 됩니다. '조건 범위'를 지정하기 위해 '조건 범위'를 클릭한 후 [A22:B23] 영역을 드래그하세요.

전문가의 조언

자동으로 지정되어 있는 '목록 범위'가 잘못되어 있다면 '목록 범위'를 클릭한 후 범위를 올바르게 다시 지정하면 됩니다.

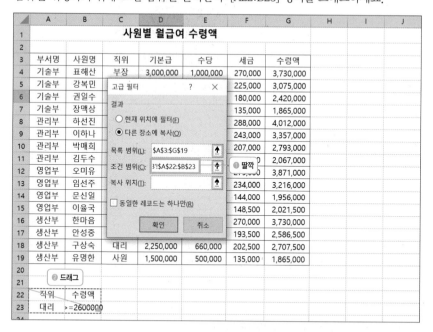

5. 이어서 '복사 위치'를 클릭하고 결과가 추출될 위치인 [A26] 셀을 클릭한 후 〈확인〉을 클릭하세요. 결과가 [A26] 셀에서부터 표시됩니다.

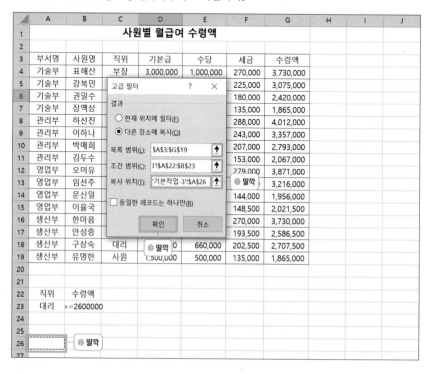

↓

	A	B	C	D	E	F	G	H	I	J
21										
22	직위	수령액								
23	대리	>=2600000								
24										
25										
26	부서명	사원명	직위	기본급	수당	세금	수령액			
27	관리부	박매희	대리	2,300,000	700,000	207,000	2,793,000			
28	생산부	구상숙	대리	2,250,000	660,000	202,500	2,707,500			

문제 2 계산작업 풀이

1 총점을 이용하여 '수상' 표시하기

[F3] 셀에 다음과 같이 입력한 후 [F12] 셀까지 채우기 핸들을 드래그하세요.

=IF(RANK.EQ(E3, $E$3:$E$12)=1, "금상", IF(RANK.EQ(E3, $E$3:$E$12)=2, "은상", IF(RANK.EQ(E3, $E$3:$E$12)=3, "동상", "")))

수식의 이해

=IF(RANK.EQ(E3, E3:E12)=1, "금상", IF(RANK.EQ(E3, E3:E12)=2, "은상", IF(RANK.EQ(E3, E3:E12)=3, "동상", "")))
      ①   ②   ③

조건(①)이 참이면 ②를 실행하고 거짓이면 ③을 실행합니다.

- ① RANK.EQ(E3, E3:E12)=1
  - [E3:E12] 영역에서 [E3] 셀의 값 160의 순위를 내림차순으로 계산하여 순위 9를 반환합니다.
  - 9와 1이 다르므로 거짓(FALSE)을 반환합니다. 거짓(FALSE)을 ①에 대입하면 다음과 같습니다.
- =IF(FALSE, "금상", IF(RANK.EQ(E3, E3:E12)=2, "은상", IF(RANK.EQ(E3, E3:E12)=3, "동상", "")))
       ①   ②   ③

  : 조건(①)이 거짓(FALSE)이므로 ③을 실행합니다.
- ③ IF(RANK.EQ(E3, E3:E12)=2, "은상", IF(RANK.EQ(E3, E3:E12)=3, "동상", ""))
          ④   ⑤   ⑥

  : 조건(④)이 참이면 ⑤를 실행하고 거짓이면 ⑥을 실행합니다.
- ④ RANK.EQ(E3, E3:E12)=2 : 순위 9와 2가 다르므로 거짓(FALSE)을 반환합니다. 거짓(FALSE)을 ④에 대입하면 다음과 같습니다.
- IF(FALSE, "은상", IF(RANK.EQ(E3, E3:E12)=3, "동상", ""))
     ④   ⑤   ⑥

  : 조건(④)이 거짓(FALSE)이므로 ⑥을 실행합니다.
- ⑥ IF(RANK.EQ(E3, E3:E12)=3, "동상", "")
      ⑦   ⑧ ⑨

  : 조건(⑦)이 참이면 ⑧을 실행하고 거짓이면 ⑨를 실행합니다.
- ⑦ RANK.EQ(E3, E3:E12)=3 : 순위 9와 3이 다르므로 거짓(FALSE)을 반환합니다. 거짓(FALSE)을 ⑦에 대입하면 다음과 같습니다.
- IF(FALSE, "동상", "") : 조건이 거짓(FALSE)이므로 [F3] 셀에 " "(공백)이 입력됩니다.

주택코드와 주택유형표를 이용하여 '주택유형' 표시하기

[L3] 셀에 다음과 같이 입력한 후 [L12] 셀까지 채우기 핸들을 드래그하세요.

=HLOOKUP(LEFT(I3, 1), $I$15:$L$16, 2, FALSE)

잠깐만요 수식의 이해

=HLOOKUP(LEFT(I3, 1), $I$15:$L$16, 2, FALSE)
　　　　　　　①

- ① LEFT(I3, 1) : [I3] 셀에 입력된 텍스트(O−A15) 중 왼쪽에서 1번째 문자인 "O"를 추출합니다. "O"를 ①에 대입하면 다음과 같습니다.
- =HLOOKUP("O", I15:L16, 2, FALSE)
  - ⓐ [I15:L16] 영역의 첫 번째 행에서 "O"와 정확히 일치하는 값을 찾습니다. I열에 있는 "O"를 찾습니다.
  - ⓑ "O"가 있는 열에서 2행에 있는 값 "오피스텔"을 찾아서 [L3] 셀에 입력합니다.
- ※ "O"와 정확히 일치하는 값을 찾는 이유는 '옵션'을 'FALSE'로 지정했기 때문입니다. 'FALSE'인 경우에는 '찾을 값'과 정확하게 일치하는 값을 찾습니다. 생략하거나 'TRUE'인 경우에는 '찾을 값'과 같거나 같은 값이 없을 때는 크지 않으면서 가장 근접한 값을 찾습니다.

	H	I	J	K	L	M
14	<주택유형표>					
15	코드	O	B	A	D	
16	주택유형	오피스텔	빌라	아파트	단독주택	
17						

 **전문가의 조언**

데이터베이스 함수는 반드시 조건이 있어야 합니다. 데이터베이스 함수의 조건 지정 방법은 고급 필터의 조건 지정 방법과 같으므로, 조건 지정 방법이 생각나지 않는다면 31쪽의 내용을 참고하세요.

 **서울의 '총판매량' 구하기**

'계산작업' 시트의 [C26:C27] 영역에 다음과 같이 조건을 입력하세요.

	A	B	C	D	E	F	G
25							
26			지역	서울총판매량			
27			서울				
28							

- [F26] 셀에 다음과 같이 입력하세요.

=ROUND(DSUM(A15:F24, 6, C26:C27), −1)

잠깐만요 수식의 이해

=ROUND(DSUM(A15:F24, 6, C26:C27), −1)
　　　　　　　①

- ① DSUM(A15:F24, 6, C26:C27) : [A15:F24] 영역에서 [C26:C27] 영역의 조건, 즉 지역이 "서울"인 사람들([B17], [B19], [B22])의 총판매량을 6열(F)에서 찾은 후 총판매량(351, 267, 347)의 합계인 965를 반환합니다. 965를 ①에 대입하면 다음과 같습니다.
- =ROUND(965, −1) : 965를 일의 자리에서 반올림하여 십의 자리까지 표시한 970이 [F26] 셀에 입력됩니다.

'남자 합격자수' 구하기

[M32] 셀에 다음과 같이 입력하세요.

> =COUNTIFS(I20:I30, "남자", M20:M30, "합격") & "명"

잠깐만요

수식의 이해

=COUNTIFS(I20:I30, "남자", M20:M30, "합격") & "명"
                                                  ❶

- ❶ COUNTIFS(I20:I30, "남자", M20:M30, "합격") : [I20:I30] 영역에서 성별이 "남자"인 셀들([I21], [I23:I25], [I27], [I30])을 찾은 다음 [M20:M30] 영역의 같은 행들 중에서 "합격"이 입력된 셀들([M21], [M24:M25], [M27])을 찾아 그 개수인 4를 반환합니다. 4를 ❶에 대입하면 다음과 같습니다.
- =4 & "명" : 문자열 결합 연산자(&)에 의해 4와 "명"이 합쳐진 "4명"이 [M32] 셀에 입력됩니다.

 주민등록번호를 이용하여 '성별' 표시하기

[F31] 셀에 다음과 같이 입력한 후 [F38] 셀까지 채우기 핸들을 드래그하세요.

> =CHOOSE(MID(D31, 8, 1), "남", "여", "남", "여")

잠깐만요

수식의 이해

=CHOOSE(MID(D31, 8, 1), "남", "여", "남", "여")
                ❶

- ❶ MID(D31, 8, 1) : [D31] 셀에 입력된 텍스트(940621-123****) 중 왼쪽에서 8번째 문자인 "1"을 추출합니다. "1"을 ❶에 대입하면 다음과 같습니다.
- =CHOOSE("1", "남", "여", "남", "여") : 1번째에 있는 값 "남"이 [F31] 셀에 입력됩니다.
- ※ 'MID(D31, 8, 1)'의 결과는 문자 "1"이 반환되지만 CHOOSE( ) 함수의 첫 번째 인수는 숫자가 오는 자리이므로 문자화된 숫자가 숫자로 인식되어 계산됩니다.

모든 계산 작업을 수행하면 아래 그림과 같은 결과가 표시됩니다.

[표1] 청소년 합창대회 결과

참가번호	지역	1차	2차	총점	수상
1	경기A	78	82	160	
2	부산B	80	83	163	
3	서울A	79	81	160	
4	전주B	91	93	184	금상
5	부산A	92	90	182	은상
6	경기A	84	86	170	
7	청주A	90	87	177	동상
8	전주A	88	85	173	
9	서울B	79	84	163	
10	청주B	81	86	167	

[표2] 주택 임대 분양 현황

지역	주택코드	평당분양가	임대기간	주택유형
강남구	O-A15	600만원	15년	오피스텔
강남구	B-G20	800만원	20년	빌라
동작구	A-U25	1,000만원	25년	아파트
동작구	D-K30	1,200만원	30년	단독주택
마포구	O-A15	500만원	15년	오피스텔
마포구	A-U25	1,100만원	25년	아파트
노원구	B-G20	750만원	20년	빌라
노원구	D-K30	1,250만원	30년	단독주택
금천구	A-U25	1,200만원	30년	아파트
금천구	O-A15	450만원	15년	오피스텔

[표3] 지역별 판매현황

PC기종	지역	담당자	상반기	하반기	총판매량
SAMS	경기	염기원	241	212	453
SAMS	서울	신중해	150	201	351
SAMS	부산	이주영	211	179	390
HPP	서울	김민정	115	152	267
HPP	경기	이철민	125	133	258
HPP	부산	배상락	178	183	361
IBN	서울	유정란	175	172	347
IBN	경기	길가온	122	124	246
IBN	부산	정하율	201	222	423

		지역	서울총판매량	970
		서울		

<주택유형표>

코드	O	B	A	D
주택유형	오피스텔	빌라	아파트	단독주택

[표4] 사무자동화 실기시험 결과

수험번호	성별	엑셀	액세스	파워포인트	결과
50135	여자	30	19	16	합격
50142	남자	24	24	17	합격
50168	여자	33	34	27	합격
50216	남자	18	17	20	불합격
50248	남자	23	18	21	합격
50274	남자	22	27	24	합격
50324	여자	31	32	28	합격
50356	남자	29	23	20	합격
50388	여자	16	28	14	불합격
50421	여자	17	24	17	불합격
50462	남자	8	29	18	불합격

남자 합격자수	4명

[표5] 회원 관리 현황

회원코드	성명	지역	주민등록번호	성별
G35001	이동준	마포구	940621-123****	남
G35002	강재현	서대문구	970911-214****	여
G35004	김예소	노원구	010208-463****	여
G35005	임선호	성북구	971201-195****	남
G35006	신단희	용산구	961107-270****	여
G35008	어수한	영등포구	951027-208****	여
G35003	유영조	서초구	000816-362****	남
G35007	지승대	종로구	010325-351****	남

 문제 3 분석작업 풀이

01. 부분합 작성

1. 부분합을 수행하기 전 '분류'를 기준으로 내림차순으로 정렬해야 합니다. '분석작업-1' 시트에서 데이터 영역(A3:G18)의 임의의 셀을 선택한 후 [데이터] → 정렬 및 필터 → **정렬**을 클릭하세요.

 **전문가의 조언**

데이터 영역 안에 셀 포인터를 놓고 정렬을 선택하면 전체 데이터가 정렬에 포함됩니다. 하지만 특정 영역, 예를 들어 합계가 있는 행이나 열을 제외할 경우에는 정렬할 부분을 반드시 블록으로 지정한 후 정렬을 수행해야 합니다.

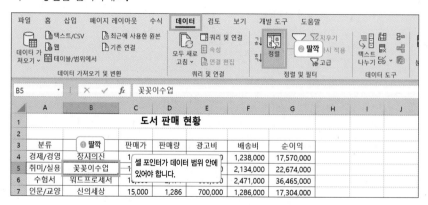

2. '정렬' 대화상자의 정렬 기준을 그림과 같이 '분류', '셀 값', '내림차순'으로 지정한 후 〈확인〉을 클릭하세요. '분류'를 기준으로 데이터가 정렬됩니다.

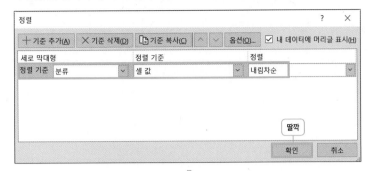

3. '분류'별 '판매량'의 최대를 계산하는 부분합을 작성해야 합니다. 셀 포인터가 데이터 영역(A3:G18) 안에 놓여 있는 상태에서 [데이터] → 개요 → **부분합**을 클릭하세요.

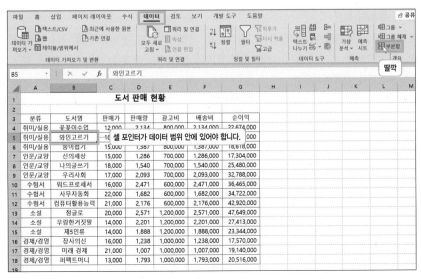

4. '부분합' 대화상자에서 '그룹화할 항목', '사용할 함수', '부분합 계산 항목'을 그림과 같이 지정한 후 〈확인〉을 클릭하세요. '분류'별로 '판매량'의 최대를 구하는 부분합이 작성됩니다.

	A	B	C	D	E	F	G	H	I
1			도서 판매 현황						
2									
3	분류	도서명	판매가	판매량	광고비	배송비	순이익		
4	취미/실용	꽃꽂이수업	12,000	2,134	800,000	2,134,000	22,674,000		
5	취미/실용	와인고르기	18,000	2,233	800,000	2,233,000	37,161,000		
6	취미/실용	종이접기	15,000	1,387	800,000	1,387,000	18,618,000		
7	취미/실용 최대			2,233					
8	인문/교양	신의세상	15,000	1,286	700,000	1,286,000	17,304,000		
9	인문/교양	나의글쓰기	18,000	1,540	700,000	1,540,000	25,480,000		
10	인문/교양	우리사회	17,000	2,093	700,000	2,093,000	32,788,000		
11	인문/교양 최대			2,093					
12	수험서	워드프로세서	16,000	2,471	600,000	2,471,000	36,465,000		
13	수험서	사무자동화	22,000	1,682	600,000	1,682,000	34,722,000		
14	수험서	컴퓨터활용능력	21,000	2,176	600,000	2,176,000	42,920,000		
15	수험서 최대			2,471					
16	소설	정글로	20,000	2,571	1,200,000	2,571,000	47,649,000		
17	소설	우람한거짓말	14,000	2,201	1,200,000	2,201,000	27,413,000		
18	소설	제5인류	14,000	1,888	1,200,000	1,888,000	23,344,000		
19	소설 최대			2,571					
20	경제/경영	장사의신	16,000	1,238	1,000,000	1,238,000	17,570,000		
21	경제/경영	미래 경제	21,000	1,007	1,000,000	1,007,000	19,140,000		
22	경제/경영	퍼펙트머니	13,000	1,793	1,000,000	1,793,000	20,516,000		
23	경제/경영 최대			1,793					
24	전체 최대값			2,571					

5. 이어서 '분류'별 '순이익'의 평균을 계산하는 부분합을 추가해야 합니다. [데이터] → 개요 → **부분합**을 클릭하세요.

시나공 Q&A 베스트

Q 정답 그림에서 A열의 최대와 평균이 잘려 나왔는데 채점 결과 감점은 없더군요. 정답에는 내용에 맞춰서 열이 넓게 표시되었던데 제 답은 왜 그런가요? 그냥 둬도 되나요?

A 그냥 둬도 됩니다. A열의 너비보다 최대와 평균의 너비가 더 길기 때문에 가려보이는 것입니다. 교재는 수험생 여러분이 부분합의 결과를 정확히 확인할 수 있도록 각 열의 너비를 넓혀 내용을 모두 표시한 것입니다. A열의 데이터를 모두 표시하려면 A열의 오른쪽 경계선을 더블클릭하면 됩니다.

	A	B
1		
2		
3	분류	도서명
4	취미/실용	꽃꽂이수업
5	취미/실용	와인고르기
6	취미/실용	종이접기
7	취미/실용 최대	

6. '부분합' 대화상자에서 '그룹화할 항목', '사용할 함수', '부분합 계산 항목'을 그림과 같이 지정하고, '새로운 값으로 대치'의 체크 표시를 해제한 후 〈확인〉을 클릭하세요. 중첩 부분합이 작성됩니다.

	A	B	C	D	E	F	G
1				도서 판매 현황			
2							
3	분류	도서명	판매가	판매량	광고비	배송비	순이익
4	취미/실용	꽃꽂이수업	12,000	2,134	800,000	2,134,000	22,674,000
5	취미/실용	와인고르기	18,000	2,233	800,000	2,233,000	37,161,000
6	취미/실용	종이접기	15,000	1,387	800,000	1,387,000	18,618,000
7	취미/실용 평균						26,151,000
8	취미/실용 최대			2,233			
9	인문/교양	신의세상	15,000	1,286	700,000	1,286,000	17,304,000
10	인문/교양	나의글쓰기	18,000	1,540	700,000	1,540,000	25,480,000
11	인문/교양	우리사회	17,000	2,093	700,000	2,093,000	32,788,000
12	인문/교양 평균						25,190,667
13	인문/교양 최대			2,093			
14	수험서	워드프로세서	16,000	2,471	600,000	2,471,000	36,465,000
15	수험서	사무자동화	22,000	1,682	600,000	1,682,000	34,722,000
16	수험서	컴퓨터활용능력	21,000	2,176	600,000	2,176,000	42,920,000
17	수험서 평균						38,035,667
18	수험서 최대			2,471			
19	소설	정글로	20,000	2,571	1,200,000	2,571,000	47,649,000
20	소설	우람한거짓말	14,000	2,201	1,200,000	2,201,000	27,413,000
21	소설	제5인류	14,000	1,888	1,200,000	1,888,000	23,344,000
22	소설 평균						32,802,000
23	소설 최대			2,571			
24	경제/경영	장사의신	16,000	1,238	1,000,000	1,238,000	17,570,000
25	경제/경영	미래 경제	21,000	1,007	1,000,000	1,007,000	19,140,000
26	경제/경영	퍼펙트머니	13,000	1,793	1,000,000	1,793,000	20,516,000
27	경제/경영 평균						19,075,333
28	경제/경영 최대			1,793			
29	전체 평균						28,250,933
30	전체 최대값			2,571			
31							

02. 피벗 테이블 작성

1. '분석작업-2' 시트에서 데이터 영역(A3:H13)의 임의의 셀을 선택한 후 [삽입] → 표 → 피벗 테이블(📊)을 클릭하세요.

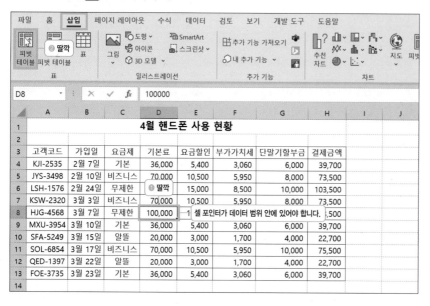

2. 데이터 범위는 데이터 영역 안에 커서가 놓인 상태에서 피벗 테이블 메뉴를 선택했기 때문에 자동으로 지정되어 있으므로 피벗 테이블을 넣을 위치만 지정하면 됩니다. '피벗 테이블 만들기' 대화상자에서 '기존 워크시트'를 선택하고 [A18] 셀을 클릭한 후 〈확인〉을 클릭하세요.

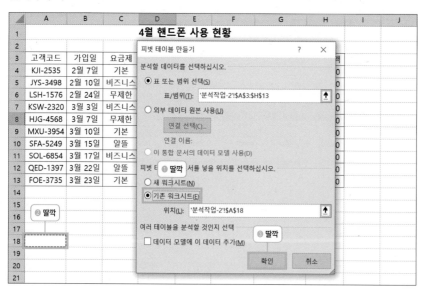

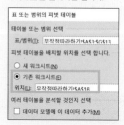

3. 지정된 위치에 빈 피벗 테이블이 만들어지고 메뉴에는 '피벗 테이블 분석'과 '디자인'
이 추가되며, 화면 오른쪽에 '피벗 테이블 필드' 창이 표시됩니다.

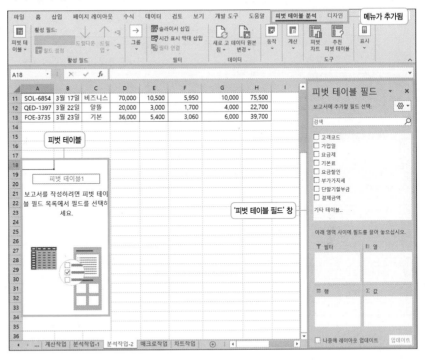

4. '피벗 테이블 필드' 창에서 '필터' 영역에 '고객코드', '행' 영역에 '요금제', '열' 영역에
'가입일', '값' 영역에 '기본료'와 '결제금액'을 끌어다 놓으세요.

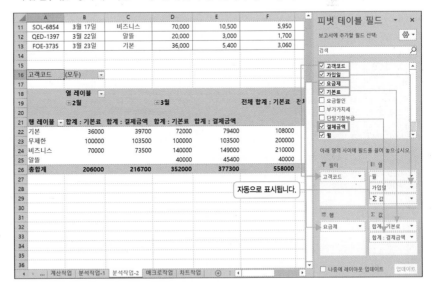

5. '값' 영역에 놓인 필드(기본료, 결제금액)는 기본적으로 합계가 계산되는데, 이것을 평균으로 변경해야 합니다. 피벗 테이블에서 '합계 : 기본료'(B21)의 바로 가기 메뉴에서 [값 요약 기준] → **평균**을 선택하세요.

6. 이어서 '합계 : 결제금액'(C21)의 바로 가기 메뉴에서 [값 요약 기준] → **평균**을 선택하세요.

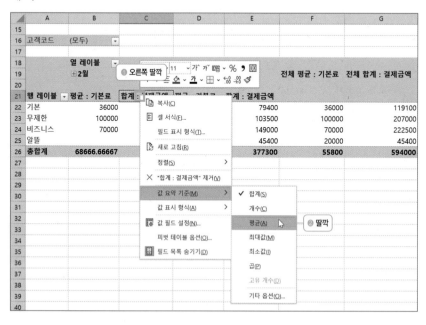

7. 피벗 테이블에 자동으로 표시되는 행과 열의 총합계 중 열의 총합계만 표시해야 합니다. 피벗 테이블의 임의의 셀을 선택한 후 [디자인] → 레이아웃 → 총합계 → **열의 총합계만 설정**을 선택하세요.

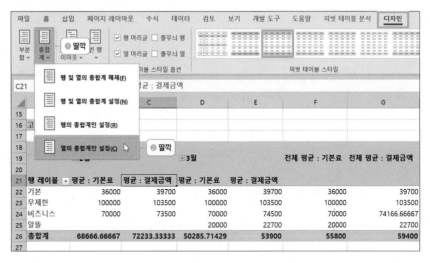

8. '가입일'을 기준으로 '월' 단위로 그룹을 지정해야 합니다. '가입일'이 표시된 임의의 셀(B19)의 바로 가기 메뉴에서 [**그룹**]을 선택하세요.

9. '그룹화' 대화상자에서 '일'을 클릭하여 해제한 후 〈확인〉을 클릭하세요.

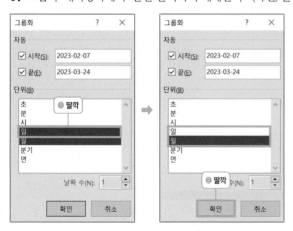

'가입일'은 이미 '일'과 '월' 단위로 그룹이 지정되어 있습니다. 문제의 지시사항에 '가입일'을 '월' 단위로 그룹을 지정하라고 제시되어 있으므로 '그룹화' 대화상자에서 '일'을 해제하여 '월'만 지정해야 합니다.

10. 마지막으로 '기본료'와 '결제금액'의 평균값에 '1000 단위 구분 기호'를 지정해야 합니다. 피벗 테이블에서 '평균 : 기본료'(B20)의 바로 가기 메뉴에서 [값 필드 설정]을 선택하세요.

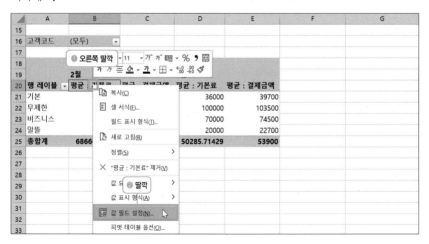

11. '값 필드 설정' 대화상자에서 〈표시 형식〉을 클릭합니다.

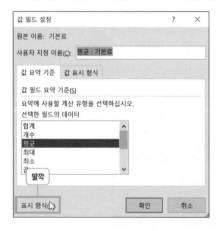

12. '셀 서식' 대화상자에서 범주로 '숫자'를 선택하고 '1000 단위 구분 기호(,) 사용'에 체크 표시를 한 후 〈확인〉을 클릭하세요.

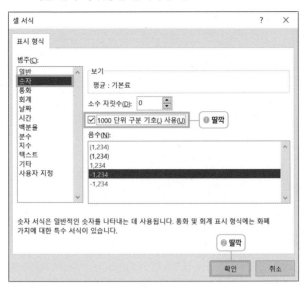

13. '값 필드 설정' 대화상자에서도 〈확인〉을 클릭하세요.

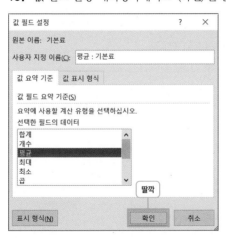

14. 동일한 방법으로 '평균 : 결제금액'(C20)의 바로 가기 메뉴에서 **[값 필드 설정]**을 이용하여 결제금액 평균 영역에 '1000 단위 구분 기호(,) 사용'을 지정하세요.

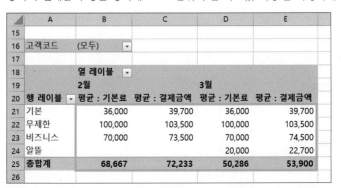

	A	B	C	D	E
15					
16	고객코드	(모두) ▾			
17					
18		**열 레이블** ▾			
19		**2월**		**3월**	
20	**행 레이블** ▾	평균 : 기본료	평균 : 결제금액	평균 : 기본료	평균 : 결제금액
21	기본	36,000	39,700	36,000	39,700
22	무제한	100,000	103,500	100,000	103,500
23	비즈니스	70,000	73,500	70,000	74,500
24	알뜰			20,000	22,700
25	**총합계**	**68,667**	**72,233**	**50,286**	**53,900**
26					

문제 4 기타작업 풀이

01. 매크로 작성

① '총점' 매크로 작성

1. '매크로작업' 시트를 선택하고, [개발 도구] → 컨트롤 → 삽입 → 양식 컨트롤 → **단추**(□)를 선택한 후 [I3:J4] 영역에 맞게 드래그하세요. '매크로 지정' 대화상자가 자동으로 나타납니다.

전문가의 조언

'개발 도구' 탭이 표시되어 있지 않다면 [파일] → 〈옵션〉을 클릭하면 나타나는 'Excel 옵션' 대화상자의 '리본 사용자 지정' 탭에서 '기본탭'의 '개발 도구'를 체크 표시한 후 〈확인〉을 클릭하면 됩니다.

응시번호	국어	영어	수학	과학						
			모의고사 성적표							
응시번호	국어	영어	수학	과학						
C101201	86	88	90	75	81					
C101202	94	91	93	95	97					
C101203	88	86	91	78	86					
C101204	72	76	75	71	73					
C101205	68	62	64	71	65					
C101206	95	94	93	95	96					
C101207	84	86	81	82	70					
C101208	76	77	68	72	74					
C101209	63	60	67	65	68					
C101210	55	60	57	58	53					

⬇

전문가의 조언

단추나 도형을 셀의 모서리에 정확히 맞추려면 Alt 를 누른 채 드래그하세요.

	A	B	C	D	E	F	G	H	I	J	K
1				모의고사 성적표							
2									❸ 드래그		
3	응시번호	국어	영어	수학	과학	사회	총점				
4	C101201	86	88	90	75	81					
5	C101202	94	91	93	95	97					
6	C101203	88	86	91	78	86					
7	C101204	72	76	75	71	73					
8	C101205	68	62	64	71	65					
9	C101206	95	94	93	95	96					
10	C101207	84	86	81	82	70					
11	C101208	76	77	68	72	74					
12	C101209	63	60	67	65	68					
13	C101210	55	60	57	58	53					
14											

2. '매크로 지정' 대화상자의 매크로 이름에 **총점**을 입력한 후 〈기록〉을 클릭하세요. '매크로 기록' 대화상자가 나타납니다.

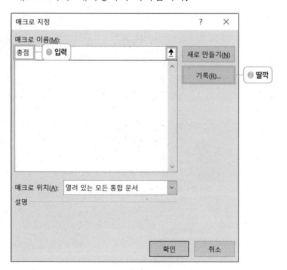

3. '매크로 기록' 대화상자의 매크로 이름에 **총점**이 자동으로 입력됩니다. 〈확인〉을 클릭하세요.

4. 지금부터 수행하는 모든 작업은 매크로로 기록되므로 신중하 게 작업해야 합니다. [G4:G13] 영역에 합계를 계산하기 위해 [G4] 셀을 클릭한 후 [수식] → 함수 라이브러리 → ∑(자동 합계)를 클릭하세요.

[홈] → 편집 → ∑(자동 합계)를 클릭해도 됩니다.

5. SUM 함수의 적용 범위가 올바른지 확인한 후 Enter를 누르세요.

• 수식을 입력하고 Ctrl + Enter를 누르면 셀 포인터의 이동없이 수식이 완성되므로 셀을 다시 이동할 필요 없이 바로 끌어서 수식을 채울 수 있습니다.
• ∑(자동 합계)를 클릭하는 대신 [G4] 셀에 수식 =SUM(B4:F4) 를 직접 입력해도 됩니다.

6. [G4] 셀을 클릭하고 [G4] 셀의 채우기 핸들을 [G13] 셀까지 드래그하여 수식을 복사하세요.

7. 매크로를 종료하기 위해 범위로 지정하지 않은 임의의 셀(H13)을 클릭하여 블록 지정을 해제한 후 [개발 도구] → 코드 → **기록 중지**를 클릭하세요.

 전문가의 조언

• 임의의 셀(H13)을 클릭하지 않고 블록이 지정된 상태에서 〈기록 중지〉를 클릭해도 됩니다. 단지 블록이 지정된 상태에서 〈기록 중지〉를 클릭하면 매크로 실행 시 항상 블록이 지정되어 있어 결과를 확인하기 불편하므로 블록 지정을 해제하기 위해 임의의 셀을 클릭하는 것입니다.

• 매크로 기록을 중지할 때는 상태 표시줄 왼쪽 하단의 '▣(기록 중지)'를 클릭해도 됩니다.

8. 단추에 입력된 텍스트를 수정해야 합니다. 단추의 바로 가기 메뉴에서 **[텍스트 편집]**을 선택하세요.

응시번호	국어	영어	수학	과학	사회	총점
C101201	86	88	90	75	81	420
C101202	94	91	93	95	97	470
C101203	88	86	91	78	86	429
C101204	72	76	75	71	73	367
C101205	68	62	64	71	65	330
C101206	95	94	93	95	96	473
C101207	84	86	81	82	70	403
C101208	76	77	68	72	74	367
C101209	63	60	67	65	68	323
C101210	55	60	57	58	53	283

모의고사 성적표

❶ 오른쪽 딸깍

- ✂ 잘라내기(T)
- 📋 복사 **❷ 딸깍**
- 📋 붙여넣기(P)
- 🔤 텍스트 편집(X)
- 그룹화(G)
- 순서(R)
- 매크로 지정(N)...
- 🔧 컨트롤 서식(F)...

9. 단추에 입력된 **단추 1**을 삭제하고 **총점**을 입력한 후 임의의 셀을 클릭하여 텍스트 편집 상태를 해제하세요.

응시번호	국어	영어	수학	과학	사회	총점
C101201	86	88	90	75	81	420
C101202	94	91	93	95	97	470
C101203	88	86	91	78	86	429
C101204	72	76	75	71	73	367
C101205	68	62	64	71	65	330
C101206	95	94	93	95	96	473
C101207	84	86	81	82	70	403
C101208	76	77	68	72	74	367
C101209	63	60	67	65	68	323
C101210	55	60	57	58	53	283

모의고사 성적표

❶ 입력

총점

❷ 딸깍

❷ '서식' 매크로 작성

1. [삽입] → 일러스트레이션 → 도형 → **기본 도형**에서 '사각형: 빗면(▭)'을 선택한 후 [I6:J7] 영역에 맞게 드래그하세요.

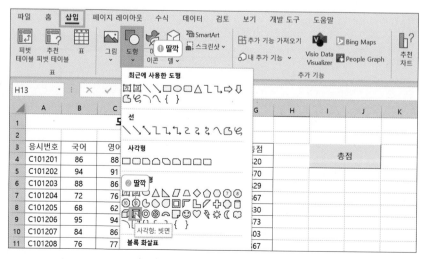

	A	B	C	D	E	F	G	H	I	J	K
1				모의고사 성적표							
2											
3	응시번호	국어	영어	수학	과학	사회	총점			총점	
4	C101201	86	88	90	75	81	420			❶ 드래그	
5	C101202	94	91	93	95	97	470				
6	C101203	88	86	91	78	86	429				
7	C101204	72	76	75	71	73	367				
8	C101205	68	62	64	71	65	330				
9	C101206	95	94	93	95	96	473				
10	C101207	84	86	81	82	70	403				
11	C101208	76	77	68	72	74	367				
12	C101209	63	60	67	65	68	323				
13	C101210	55	60	57	58	53	283				
14											

2. 삽입한 도형에 매크로를 지정해야 합니다. 도형의 바로 가기 메뉴에서 **[매크로 지정]**을 선택하세요. '매크로 지정' 대화상자가 나타납니다.

	A	B	C	D	E	F	G	H	I	J	K
1				모의고사 성적표							
2											
3	응시번호	국어	영어	수학	과학	사회	총점				
4	C101201	86	88	90	75	81	420		❶ 오른쪽 딸깍		
5	C101202	94	91	93	95	97	470		채우기 윤곽선		
6	C101203	88	86	91	78	86	429				
7	C101204	72	76	75	71	73	367		✂ 잘라내기(T)		
8	C101205	68	62	64	71	65	330		🗐 복사(C)		
9	C101206	95	94	93	95	96	473		붙여넣기 옵션:		
10	C101207	84	86	81	82	70	403		🗋		
11	C101208	76	77	68	72	74	367				
12	C101209	63	60	67	65	68	323		🗎 텍스트 편집(X)		
13	C101210	55	60	57	58	53	283		🗎 점 편집(E)		
14									🗐 그룹화(G) >		
15									🗐 맨 앞으로 가져오기(R) >		
16									🗐 맨 뒤로 보내기(K) >		
17											
18									🔗 링크(I)		
19											
20									그림... ❷ 딸깍		
21									🔍 스마트 조회(L)		
22											
23									매크로 지정(N)...		
24											

3. '매크로 지정' 대화상자의 매크로 이름에 **서식**을 입력한 후 〈기록〉을 클릭하세요. '매크로 기록' 대화상자가 나타납니다.

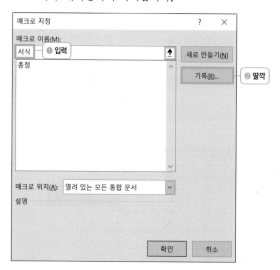

4. '매크로 기록' 대화상자의 매크로 이름에 **서식**이 자동으로 입력됩니다. 〈확인〉을 클릭하세요.

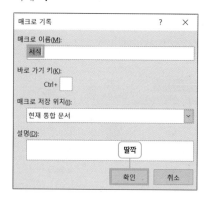

5. [A3:G3] 영역에 채우기 색을 지정해야 합니다. [A3:G3] 영역을 블록으로 지정한 후 [홈] → 글꼴에서 채우기 색()을 '노랑', 글꼴 색(가 ∨)을 '빨강'으로 지정하세요.

전문가의 조언

[A3:G3] 영역을 블록으로 지정하고 마우스 오른쪽 버튼을 클릭한 후 미니 도구 모음에서 채우기 색()과 글꼴 색(가 ∨)을 지정해도 됩니다.

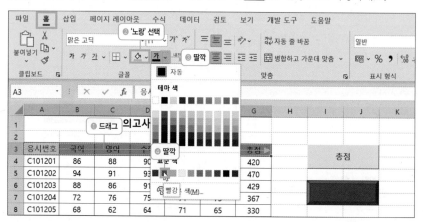

6. 매크로를 종료하기 위해 범위로 지정하지 않은 임의의 셀(H3)을 클릭하여 블록 지정을 해제한 후 [개발 도구] → 코드 → **기록 중지**를 클릭하세요.

7. 도형에 텍스트를 입력하기 위해 도형의 바로 가기 메뉴에서 [**텍스트 편집**]을 선택하세요.

	A	B	C	D	E	F	G	H	I	J	K
1				모의고사 성적표							
2											
3	응시번호	국어	영어	수학	과학	사회	총점				
4	C101201	86	88	90	75	81	420				
5	C101202	94	91	93	95	97	470				
6	C101203	88	86	91	78	86	429				
7	C101204	72	76	75	71	73	367				
8	C101205	68	62	64	71	65	330				
9	C101206	95	94	93	95	96	473				
10	C101207	84	86	81	82	70	403				
11	C101208	76	77	68	72	74	367				
12	C101209	63	60	67	65	68	323				
13	C101210	55	60	57	58	53	283				
14											

8. 도형에 **서식**을 입력한 후 임의의 셀을 클릭하여 도형의 텍스트 편집 상태를 해제하세요.

	A	B	C	D	E	F	G	H	I	J	K
1				모의고사 성적표							
2											
3	응시번호	국어	영어	수학	과학	사회	총점				
4	C101201	86	88	90	75	81	420				
5	C101202	94	91	93	95	97	470				
6	C101203	88	86	91	78	86	429				
7	C101204	72	76	75	71	73	367				
8	C101205	68	62	64	71	65	330				
9	C101206	95	94	93	95	96	473				
10	C101207	84	86	81	82	70	403				
11	C101208	76	77	68	72	74	367				
12	C101209	63	60	67	65	68	323				
13	C101210	55	60	57	58	53	283				
14											

Q 매크로를 잘못 만들었어요. 어떻게 수정해야 하나요?

A 매크로 작성을 잘못하였을 경우에는 기존에 작성했던 매크로를 삭제한 후 다시 작성하면 됩니다. 매크로를 삭제하려면 [개발 도구] → 코드 → **매크로**를 클릭하면 나타나는 '매크로' 대화상자에서 삭제할 매크로 이름을 선택한 후 〈삭제〉를 클릭하면 됩니다.

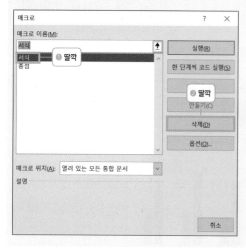

9. [G4:G13] 영역에 입력된 값을 삭제하고, [A3:G3] 영역의 글꼴 색과 채우기 색을 임의로 변경한 후 〈총점〉 단추와 〈서식〉 도형을 클릭하여 올바르게 작동하는지 확인하세요.

02. 차트 수정

1. '합계요금' 계열을 제거해야 합니다. '차트작업' 시트를 선택하고, '합계요금' 계열의 바로 가기 메뉴에서 **[삭제]**를 선택하세요.

전문가의 조언

'합계요금' 계열을 선택한 후 Delete 를 눌러도 됩니다.

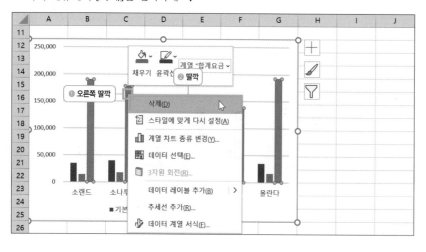

2. 차트 제목을 삽입하고 글꼴 속성을 지정해야 합니다. 차트 제목을 삽입하기 위해 차트를 선택한 후 [차트 디자인] → 차트 레이아웃 → 차트 요소 추가 → 차트 제목 → **차트 위**를 선택합니다.

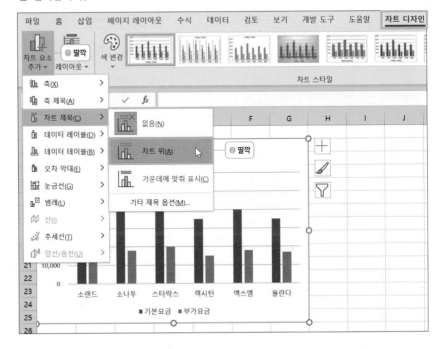

3. 차트의 제목 부분에 **차트 제목**이 삽입됩니다. 차트 제목이 선택된 상태에서 수식 입력줄에 **자동차 렌트 요금 현황**을 입력한 후 Enter를 누르면 **차트 제목**이 **자동차 렌트 요금 현황**으로 변경됩니다.

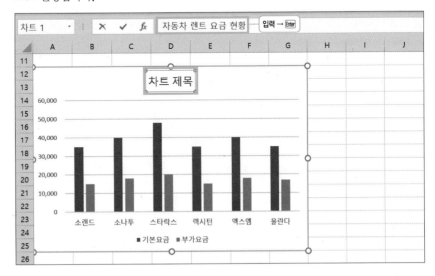

4. 차트 제목이 선택된 상태에서 **[홈] → 글꼴**에서 글꼴 '궁서체', 크기 16, 밑줄 '실선 (가)'을 지정하세요.

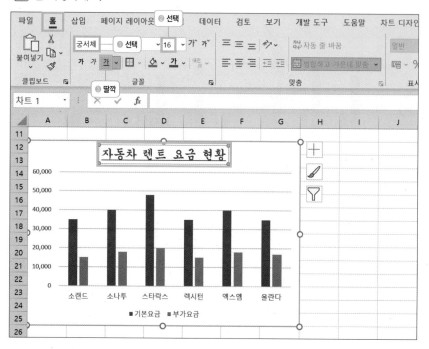

5. '기본요금' 계열의 '스타락스' 요소에만 데이터 레이블을 표시해야 합니다. '기본요금' 계열의 '스타락스'를 클릭한 후 다시 한번 클릭하세요. '스타락스' 요소만 선택됩니다.

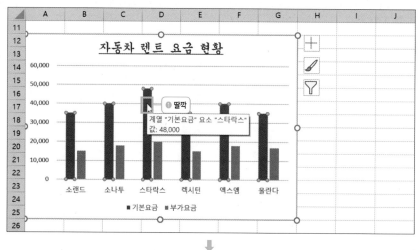

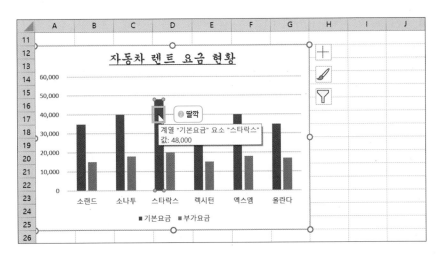

차트 요소(田)를 클릭한 후 '데이
터 레이블'의 ▶를 클릭하고 '안쪽
끝에'를 선택해도 됩니다.

6. '스타락스' 요소만 선택된 상태에서 [차트 디자인] → 차트 레이아웃 → 차트 요소 추
가 → 데이터 레이블 → **안쪽 끝에**를 선택하세요.

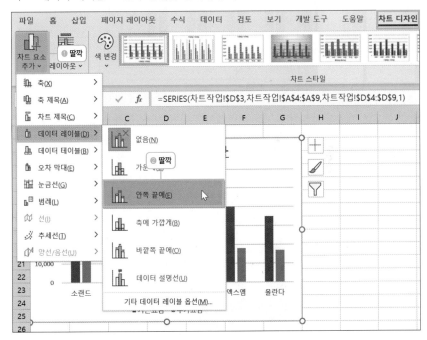

7. 세로(값) 축에 최대와 기본 단위를 지정해야 합니다. 세로(값) 축의 바로 가기 메뉴에서 **[축 서식]**을 선택하세요.

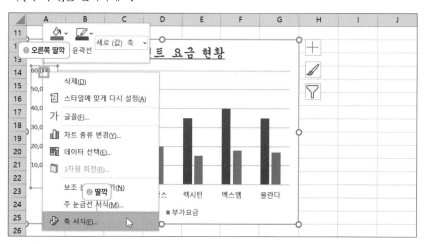

세로(값) 축을 더블클릭해도 됩니다.

8. '축 서식' 창의 [축 옵션] → ▋(축 옵션) → **축 옵션**에서 경계의 '최대값'을 **50000**, 단위의 '기본'을 **10000**으로 지정한 후 '닫기(☒)'를 클릭하세요.

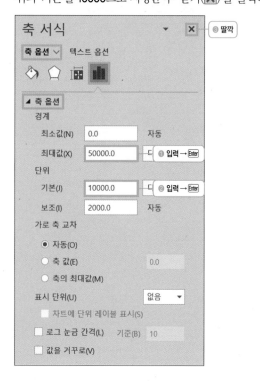

경계의 '최대값'에 **50000**, 단위의 '기본'에 **10000**을 입력하고 Enter 를 누르면 자동으로 **50000.0**와 **10000.0**으로 변경됩니다.

9. 마지막으로 차트 영역의 테두리 스타일을 지정해야 합니다. 차트 영역의 바로 가기 메뉴에서 **[차트 영역 서식]**을 선택하세요.

차트 영역을 더블클릭해도 됩니다.

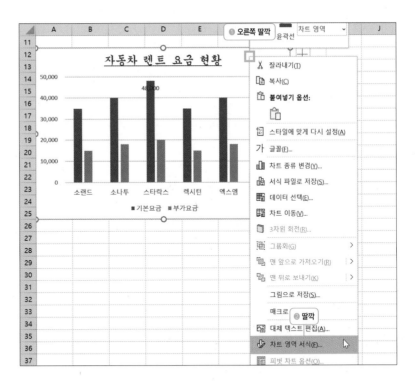

10. '차트 영역 서식' 창의 [차트 옵션] → (채우기 및 선) → **테두리**에서 너비 3 pt와 '둥근 모서리'를 지정한 후 '닫기()'를 클릭하세요.

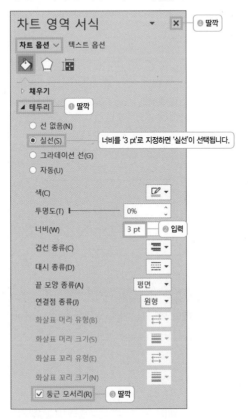

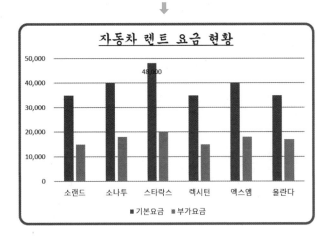

채점 프로그램

채점 프로그램을 이용하여 여러분이 완성한 답안 파일을 채점해 보세요. 채점 프로그램 사용법에 대한 내용은 14쪽을 참고하세요.

6   퇴실(시험 종료)

감독위원의 지시에 따라 자리를 정리한 후 퇴실합니다.

memo

합격수기

합격수기 코너는 시나공으로 공부하신 독자분들이 시험에 합격하신 후에 직접
시나공 홈페이지(sinagong.co.kr)의 <합격전략/후기>에 올려주신 자료를 토대로 구성됩니다.

정태룡 • snufirst

컴활 2급 최종 합격했습니다.

자격증을 공부하는 사람들에게 꼭 전하고 싶은 이야기 – 컴활 2급 공부하시는 분들에게, 조언을
해 드리고 싶습니다.

① 필기공부를 하실 때, 꼭 A, B 등급 위주로 공부하시기 바랍니다.
(시험문제를 볼 때, A, B 등급에서 시험문제가 모두 다 나왔습니다. 그리고 필기공부를 할때, 문
제들을 꼭 풀어보셔야, 문제들이 어떻게 출제되는지 금방 이해할 수 있습니다. 정말 시간이 없다
면 시나공 책 앞 페이지에 나오는 시험에 꼭나는 Section을 꼭 공부하시고 가시기 바랍니다. 저
도 최종 마무리로 그 Section들을 보면서 정리했습니다. 그리고 시험장에서 시험 볼 때, 그 효과
를 톡톡히 봤습니다. 여러분도 꼭 필기시험을 준비하실 때, 그 Section을 공부하셔서 한방에 합
격하시기 바랍니다.)

② 시나공 홈페이지에서 기출문제들을 꼭 다운받아 풀어보시기 바랍니다.
(기출문제들을 많이 풀어봐야 시험장에 가서, 훨씬 익숙하게 시험을 보실 수 있습니다. 그리고
함수 문제들은 기출문제를 토대로 출제되는 경향이 있어서 꼭, 풀어보시고 가시기 바랍니다. 시
나공 홈페이지에는 기출문제가 엄청 많습니다. 최신기출문제 위주로 연습하시고 가시면, 꼭 합
격할 것입니다.)

③ 채점 프로그램을 꼭 사용하시기 바랍니다.
(채점 프로그램을 이용하면, 시험에 대한 불안감을 해소할 수 있습니다. 실제 시험과 같이 줄어
드는 Timer도 있어서, 실제 시험장 분위기를 느낄 수 있습니다. 그리고 내가 몇 점 정도 나오는
지 알 수 있으며 어느 부분에서 자주 틀리는지 알 수 있어서 유용합니다. 그래서 합격 할 수 있
는 지름길입니다. 실기시험은 70점을 넘어야 합격입니다. 그러므로, 70점을 넘기겠다는 각오로
도전하시기 바랍니다. 100점이나 70점이나 똑같은 합격입니다. 겁내지 마시고, 도전하시면 합격
으로 꼭 응답 받으실 겁니다.)

앞으로도 시나공 책과 함께, 이번에는 컴활 1급 자격증을
목표로 공부해 보려고 합니다.
열심히 해서 다시 합격수기를 올리겠습니다.

2 장

최신기출유형

2024년 컴퓨터활용능력 2급 실기

프로그램명	제한시간	수험번호 :
EXCEL 2021	40분	성명 :

2급

〈 유 의 사 항 〉

- 인적 사항 누락 및 잘못 작성으로 인한 불이익은 수험자 책임으로 합니다.

- 화면에 암호 입력창이 나타나면 아래의 암호를 입력하여야 합니다.
  ○ **암호 : 459@66**

- 작성된 답안은 주어진 경로 및 파일명을 변경하지 마시고 그대로 저장해야 합니다.
  이를 준수하지 않으면 실격 처리됩니다.
  ○ **답안 파일명의 예 : C:\OA\수험번호8자리.xlsm**

- **외부 데이터 위치 : C:\OA\파일명**

- 별도의 지시사항이 없는 경우, 다음과 같이 처리 시 실격 처리됩니다.
  ○ 제시된 시트 및 개체의 순서나 이름을 임의로 변경한 경우
  ○ 제시된 시트 및 개체를 임의로 추가 또는 삭제한 경우
  ○ 외부 데이터를 시험 시작 전에 열어본 경우

- 답안은 반드시 문제에서 지시 또는 요구한 셀에 입력하여야 하며, 다음과 같이 처리 시 채점 대상에서 제외됩니다.
  ○ 제시된 함수가 있을 경우 제시된 함수만을 사용하여야 하며 그 외 함수 사용 시 채점 대상에서 제외
  ○ 수험자가 임의로 지시하지 않은 셀의 이동, 수정, 삭제, 변경 등으로 인해 셀의 위치 및 내용이 변경된 경우 해당 작업에 영향을 미치는 관련문제 모두 채점 대상에서 제외
  ○ 도형 및 차트의 개체가 중첩되어 있거나 동일한 계산결과 시트가 복수로 존재할 경우 해당 개체나 시트는 채점 대상에서 제외

- 수식 작성 시 제시된 문제 파일의 데이터는 변경 가능한(가변적) 데이터임을 감안하여 문제 풀이를 하시오.

- 별도의 지시사항이 없는 경우, 주어진 각 시트 및 개체의 설정값 또는 기본 설정값(Default)으로 처리하시오.

- 저장 시간은 별도로 주어지지 않으므로 제한된 시간 내에 저장을 완료해야 하며, 제한 시간 내에 저장이 되지 않은 경우에는 실격 처리됩니다.

- 출제된 문제의 용어는 Microsoft Office 2021(LTSC 2108 버전) 기준으로 작성되어 있습니다.

대한상공회의소

기본작업(20점) 주어진 시트에서 다음 과정을 수행하고 저장하시오.

1. '기본작업-1' 시트에 다음의 자료를 주어진 대로 입력하시오. (5점)

	A	B	C	D	E	F
1	상공상사 거래명세서					
2						
3	거래번호	제품코드	거래처명	담당자	거래량	비고
4	A-01-111	CMK-01	대한상사	김한호	1,500	우수
5	A-01-112	CMK-93	서울유통	이다해	2,000	일반
6	A-01-113	CMK-22	하나상사	임선욱	3,520	일반
7	A-01-114	CMK-53	나라실업	김종민	1,000	신규
8	A-01-115	CMK-99	대한상사	최민경	800	우수
9	A-01-116	CMK-06	하나상사	황진선	950	일반
10						

2. '기본작업-2' 시트에 대하여 다음의 지시사항을 처리하시오. (각 2점)

① [A1:G1] 영역은 '선택 영역의 가운데로', 셀 스타일 '제목 1', 행의 높이를 28로 지정하시오.

② [A4:A6], [A7:A9], [A10:A12], [A13:A15] 영역은 '병합하고 가운데 맞춤'을 지정하고, [A3:G3] 영역은 글꼴 스타일 '굵게', 채우기 색 '표준 색 – 노랑'으로 지정하시오.

③ [F3] 셀의 "생산량"을 한자 "生産量"으로 변환하시오.

④ [B4:B15] 영역은 사용자 지정 표시 형식을 이용하여 년, 월, 일을 [표시 예]와 같이 표시하시오. [표시 예 : 2023-03-01 → 2023년 03월 01일]

⑤ [A3:G15] 영역은 '모든 테두리(田)'를 적용한 후 '굵은 바깥쪽 테두리(田)'를 적용하여 표시하시오.

3. '기본작업-3' 시트에서 다음의 지시사항을 처리하시오. (5점)

[B4:B14] 영역의 데이터를 텍스트 나누기를 실행하여 나타내시오.
- ▶ 데이터는 세미콜론(;)으로 구분되어 있음
- ▶ '재고량' 열은 제외할 것

1. [표1]에서 체질량지수가 20 미만이면 "저체중", 20 이상 25 미만이면 "정상", 25 이상이면 "비만"으로 BMI지수[E3:E12]에 표시하시오. (8점)

    ▶ 체질량지수 = 몸무게 ÷ 키^2

    ▶ IF, POWER 함수 사용

2. [표2]에서 필기[H3:H12]와 실기[I3:I12]의 평균이 80 이상이고, 면접[J3:J12]이 70 이상이면 "합격"을, 그렇지 않으면 공백을 합격여부[K3:K12]에 표시하시오. (8점)

    ▶ IF, AVERAGE, AND 함수 사용

3. [표3]에서 성별[B16:B25]이 "여"인 사원의 총판매량[E16:E25] 평균을 [E26] 셀에 계산하시오. (8점)

    ▶ 총판매량 평균은 소수점 이하 둘째 자리에서 내림하여 첫째 자리까지 표시
      [표시 예 : 123.45 → 123.4]

    ▶ DAVERAGE, ROUNDDOWN 함수 사용

4. [표4]에서 결제종류[H16:H26]의 앞 두 문자와 총결제액[I16:I26], 결제수수료표[M25:O26]를 이용하여 수수료[J16:J26]를 계산하시오. (8점)

    ▶ 수수료 = 총결제액 × 수수료비율

    ▶ INDEX, MATCH, LEFT 함수 사용

5. [표5]에서 사원코드[A30:A39]와 직위표[G36:H39]를 이용하여 직위[E30:E39]를 표시하시오. (8점)

    ▶ 직위코드는 사원코드의 왼쪽에서 3번째 문자를 이용하여 계산

    ▶ VLOOKUP, MID 함수 사용

1. '분석작업-1' 시트에 대하여 다음의 지시사항을 처리하시오. (10점)

[부분합] 기능을 이용하여 '1학년 중간고사 성적표' 표에 〈그림〉과 같이 성별별 '국어', '영어', '수학', '과학', '사회'의 최대와 '총점'의 평균을 계산하시오.

▶ 정렬은 '성별'을 기준으로 오름차순으로 처리하시오.

▶ 부분합에 표 서식을 '연한 파랑, 표 스타일 밝게 16'으로 적용하시오.

▶ 최대와 평균은 위에 명시된 순서대로 처리하시오.

	A	B	C	D	E	F	G	H
1				1학년 중간고사 성적표				
2								
3	성명	성별	국어	영어	수학	과학	사회	총점
4	민우람	남	94	97	91	92	95	469
5	정우성	남	68	71	67	70	69	345
6	박재오	남	91	92	90	92	92	457
7	김정섭	남	76	67	75	80	77	375
8	유정만	남	64	67	63	66	65	325
9	강선빈	남	67	70	70	69	68	344
10	배문기	남	94	93	93	96	92	468
11	김병민	남	83	83	82	82	84	414
12	이승학	남	71	74	80	73	72	370
13		남 평균						396.3333
14		남 최대	94	97	93	96	95	
15	윤산이	여	80	83	79	82	81	405
16	변정숙	여	85	88	84	87	86	430
17	한진아	여	76	80	75	78	77	386
18	남소현	여	48	51	47	50	49	245
19	한예승	여	82	91	81	84	83	421
20	강소리	여	94	97	94	96	95	476
21	신유라	여	78	81	77	80	79	395
22	이고은	여	88	94	87	90	89	448
23		여 평균						400.75
24		여 최대	94	97	94	96	95	
25		전체 평균						398.4118
26		전체 최대값	94	97	94	96	95	
27								

2. '분석작업-2' 시트에 대하여 다음의 지시사항을 처리하시오. (10점)

[피벗 테이블] 기능을 이용하여 '상공백화점 임대 현황' 표의 매장위치는 '필터', 매장명은 '행', 매장구분은 '열'로 처리하고, '값'에 임대료와 관리비의 평균을 계산하시오.

▶ 피벗 테이블 보고서는 동일 시트의 [A21] 셀에서 시작하시오.

▶ 보고서 레이아웃은 '개요 형식'으로 지정하시오.

▶ 피벗 테이블에는 매장위치가 '1층'인 자료만 표시되도록 하시오.

▶ 피벗 테이블에 '연한 파랑, 피벗 스타일 보통 9' 서식을 지정하시오.

1. '매크로작업' 시트의 [표]에서 다음과 같은 기능을 수행하는 매크로를 현재 통합 문서에 작성하고 실행하시오. (각 5점)

   ① [E4:E13] 영역에 필기 점수의 평균을 계산하는 매크로를 생성하여 실행하시오.
   - ▶ 매크로 이름 : 평균
   - ▶ AVERAGE 함수 사용
   - ▶ [개발 도구] → [컨트롤] → [삽입] → [양식 컨트롤]의 '단추(□)'를 동일 시트의 [G3:H4] 영역에 생성하고, 텍스트를 "평균"으로 입력한 후 단추를 클릭할 때 '평균' 매크로가 실행되도록 설정하시오.

   ② [A3:E13] 영역에 '모든 테두리(⊞)'를 지정하는 매크로를 생성하여 실행하시오.
   - ▶ 매크로 이름 : 테두리
   - ▶ [삽입] → [일러스트레이션] → [도형] → [사각형]의 '사각형: 둥근 모서리 (□)'를 동일 시트의 [G7:H8] 영역에 생성하고, 텍스트를 "테두리"로 입력한 후 도형을 클릭할 때 '테두리' 매크로가 실행되도록 설정하시오.

   ※ 셀 포인터의 위치에 상관없이 현재 통합 문서에서 매크로가 실행되어야 정답으로 인정됨

2. '차트작업' 시트의 차트를 지시사항에 따라 아래 〈그림〉과 같이 수정하시오. (각 2점)

   ※ 차트는 반드시 문제에서 제공한 차트를 사용하여야 하며, 신규로 작성 시 0점 처리됨

   ① '판매가' 계열과 '헬멧' 요소가 제거되도록 데이터 범위를 수정하시오.
   ② '판매총액' 계열의 차트 종류를 '표식이 있는 꺾은선형'으로 변경하고, '보조 축' 으로 지정하시오.
   ③ 기본 세로(값) 축의 기본 단위는 40, 보조 세로(값) 축의 최대값은 8,000,000, 기본 단위는 2,000,000으로 지정하시오.
   ④ 범례는 오른쪽에 배치하고, 글꼴 '돋움체', 크기 10, 글꼴 스타일 '굵게'로 지정하시오.
   ⑤ 차트 영역의 테두리 스타일을 '둥근 모서리'로 지정하시오.

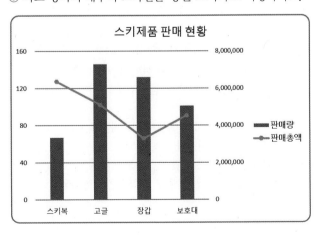

컴퓨터활용능력 2급 실기

정답 및 해설

 문제 1 기본작업 정답

컴활 2급 실기 시험에 출제되는 기능에 대한 기본적인 사용법은 알고 있다는 전제하에 해설을 최대한 간략화 했습니다. 본 기출문제집은 시나공 컴활 실기 기본서 출간후에 새롭게 출제된 문제 유형을 빠르게 전달하는데 목적을 뒀기 때문입니다. 해설이 생략된 부분에 대해 어려움을 느끼시는 수험생은 시나공 컴활 실기 기본서 교재를 먼저 공부하시기 바랍니다.

02. 셀 서식

정답

① 텍스트 맞춤 / 셀 스타일 / 행 높이 지정

1. [A1:G1] 영역을 블록으로 지정한 후 Ctrl + ① 을 누른다.

2. '셀 서식' 대화상자의 '맞춤' 탭에서 '텍스트 맞춤'을 그림과 같이 지정한 후 〈확인〉을 클릭한다.

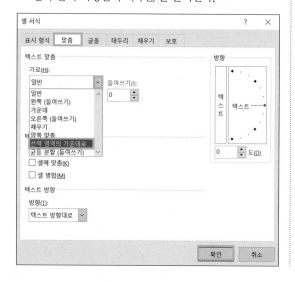

3. 이어서 [홈] → 스타일 → 셀 스타일 → 제목 및 머리글 → **제목 1**을 선택한다.

4. 1행 머리글의 바로 가기 메뉴에서 [**행 높이**]를 선택한다.

5. '행 높이' 대화상자에 28을 입력한 후 〈확인〉을 클릭한다.

③ 한자 변환

1. [F3] 셀을 더블클릭하거나 F2 를 눌러 셀 편집 상태로 만든 후 한자 를 누른다.

2. '한글/한자 변환' 대화상자에서 바꿀 한자를 선택한 후 〈변환〉을 클릭한다.

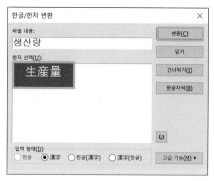

4 사용자 지정 표시 형식

1. [B4:B15] 영역을 블록으로 지정한 후 Ctrl+1을 누른다.
2. '셀 서식' 대화상자의 '표시 형식' 탭에서 범주와 형식을 그림과 같이 지정한 후 〈확인〉을 클릭한다.

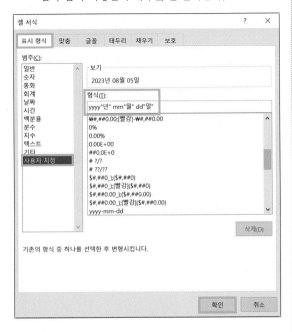

03. 텍스트 나누기

정답

	A	B	C	D	E
1					
2		상품별 재고 현황			
3					
4		상품코드	매입량	매출량	판매율
5		PRO-01	1500	1384	92%
6		PRO-02	1600	1544	97%
7		PRO-03	2000	1423	71%
8		PRO-04	1500	1221	81%
9		PRO-05	1200	1095	91%
10		BAN-01	1000	912	91%
11		BAN-02	1200	965	80%
12		BAN-03	1000	769	77%
13		BAN-04	1500	1426	95%
14		BAN-05	1800	1698	94%
15					

1. [B4:B14] 영역을 블록으로 지정한 후 [데이터] → 데이터 도구 → **텍스트 나누기**를 클릭한다.

2. '텍스트 마법사 1단계' 대화상자에서 '원본 데이터 형식'을 '구분 기호로 분리됨'으로 선택한 후 〈다음〉을 클릭한다.
3. '텍스트 마법사 2단계' 대화상자에서 구분 기호의 '탭'을 해제하고, '세미콜론'을 선택한 후 〈다음〉을 클릭한다.

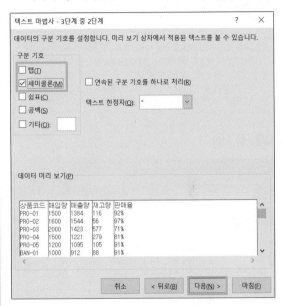

4. '텍스트 마법사 3단계' 대화상자에서 '재고량' 열을 클릭하고 '열 가져오지 않음(건너뜀)'을 선택한 후 〈마침〉을 클릭한다.

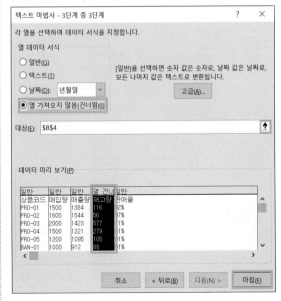

정답

01. BMI지수

정답

	A	B	C	D	E
1	[표1]	건강 검진 결과			
2	검사일	이름	키(m)	몸무게(kg)	BMI지수
3	11월 01일	김성식	1.82	91	비만
4	11월 09일	김천일	1.88	78	정상
5	11월 12일	박정아	1.74	73	정상
6	11월 15일	성명호	1.71	92	비만
7	11월 18일	이진희	1.64	87	비만
8	11월 21일	하진성	1.58	57	정상
9	11월 21일	최희정	1.7	66	정상
10	11월 27일	김동준	1.66	56	정상
11	11월 30일	유아영	1.59	62	정상
12	11월 30일	이가영	1.61	49	저체중

[E3] : =IF(D3/POWER(C3,2) 〈 20, "저체중", IF(D3/POWER(C3,2) 〈 25, "정상", "비만"))

02. 합격여부

정답

	G	H	I	J	K
1	[표2]	신입사원 채용결과			
2	응시번호	필기	실기	면접	합격여부
3	125001	49	60	55	
4	125002	85	76	58	
5	125003	83	81	82	합격
6	125004	94	92	94	합격
7	125005	87	90	91	합격
8	125006	64	70	65	
9	125007	92	90	69	
10	125008	86	83	79	합격
11	125009	76	73	70	
12	125010	57	64	75	

[K3] : =IF(AND(AVERAGE(H3:I3) 〉= 80, J3 〉= 70), "합격", " ")

03. 여사원 총판매량 평균

정답

	A	B	C	D	E
14	[표3]	영업사원 실적표			
15	사원명	성별	1월판매량	2월판매량	총판매량
16	손애진	여	65	59	124
17	이영해	여	31	28	672
18	김은소	여	55	65	120
19	원석빈	남	38	42	80
20	하주원	여	82	90	172
21	이병훈	남	64	68	132
22	문소라	여	48	40	88
23	장동군	남	38	42	80
24	송강후	남	75	70	145
25	고소용	여	38	32	70
26	여사원 총판매량 평균				207.6

[E26] : =ROUNDDOWN(DAVERAGE(A15:E25, 5, B15:B16), 1)

04. 수수료

정답

	G	H	I	J	K	L	M	N	O
14	[표4]	회원 관리 현황							
15	회원코드	결제종류	총결제액	수수료					
16	SG-501	IB-02	1,760,000	2,112					
17	SG-502	NA-31	4,230,000	7,191					
18	SG-503	NA-31	8,450,000	14,365					
19	SG-504	CC-13	2,820,000	5,922					
20	SG-505	IB-02	3,880,000	4,656					
21	SG-506	CC-13	7,750,000	16,275					
22	SG-507	NA-31	5,640,000	9,588					
23	SG-508	IB-02	9,510,000	11,412					
24	SG-509	IB-02	8,450,000	10,140			<결제수수료표>		
25	SG-510	CC-13	6,340,000	13,314			결제종류	IB	NA	CC
26	SG-511	CC-13	3,170,000	6,657			수수료비율	0.12%	0.17%	0.21%

[J16] : =I16 * INDEX($M$26:$O$26, 1, MATCH(LEFT(H16,2), $M$25:$O$25, 0))

05. 직위

	A	B	C	D	E	F	G	H
28	[표5]	**사원 관리 현황**						
29	사원코드	사원명	성별	부서명	직위			
30	1-G-392	김은희	여	영업부	과장			
31	2-D-284	김주도	남	기획부	대리			
32	8-B-521	유은별	여	영업부	부장			
33	2-S-742	고사장	남	기획부	사원			
34	4-D-823	성준혁	남	영업부	대리			
35	4-G-648	임진성	남	기획부	과장		<직위표>	
36	5-S-478	황진아	여	경리부	사원		직위코드	직위
37	6-S-732	박하나	여	영업부	사원		B	부장
38	5-B-324	강대리	남	경리부	부장		G	과장
39	7-D-543	유서현	여	경리부	대리		D	대리
							S	사원

[E30] : =VLOOKUP(MID(A30, 3, 1), $G$36:$H$39, 2, FALSE)

 문제 3 **분석작업**

01. 부분합

1. 데이터 영역(A3:H20)의 임의의 셀을 선택한 후 [데이터] → 정렬 및 필터 → **정렬**을 클릭한다.

2. '정렬' 대화상자에서 그림과 같이 지정한 후 〈확인〉을 클릭한다.

3. 데이터 영역(A3:H20) 안에 셀 포인터가 놓여 있는 상태에서 성별별 '국어', '영어', '수학', '과학', '사회'의 최대를 계산하기 위해 [데이터] → 개요 → **부분합**을 클릭한다.

4. '부분합' 대화상자에서 그룹화할 항목, 사용할 함수, 부분합 계산 항목을 그림과 같이 지정한 후 〈확인〉을 클릭한다.

5. 성별별 '총점'의 평균을 계산하기 위해 다시 [데이터] → 개요 → **부분합**을 클릭한다.

6. '부분합' 대화상자에서 그룹화할 항목, 사용할 함수, 부분합 계산 항목을 그림과 같이 지정하고, '새로운 값으로 대치'의 체크 표시를 해제한 후 〈확인〉을 클릭한다.

7. [홈] → 스타일 → 표 서식 → 밝게 → **연한 파랑, 표 스**
   타일 밝게 16을 선택한다.
8. '표 서식' 대화상자에서 표에 사용할 데이터를 [A3:
   H26] 영역으로 지정하고 '머리글 포함'에 체크 표시를
   한 후 〈확인〉을 클릭한다.

'표 서식' 대화상자에 데이터 범위를 지정하면 '표 서식' 대화상자가 '표
만들기'로 변경됩니다.

02. 피벗 테이블

1. 데이터 영역(A3:F15)의 임의의 셀을 선택한 후 [삽입]
   → 표 → **피벗 테이블**(📊)을 클릭한다.
2. '피벗 테이블 만들기' 대화상자에서 피벗 테이블을 넣을
   위치를 '기존 워크시트', [A21] 셀로 지정한 후 〈확인〉
   을 클릭한다.

3. '피벗 테이블 필드' 창에서 그림과 같이 각 필드를 지정
   한다.

4. 작성된 피벗 테이블에서 '합계 : 임대료(B23)'의 바로 가
   기 메뉴에서 [값 요약 기준] → **평균**을 선택한다.
5. 이어서 '합계 : 관리비(C23)'의 바로 가기 메뉴에서 [값
   요약 기준] → **평균**을 선택한다.
6. 피벗 테이블 안에 셀 포인터가 놓여 있는 상태에서 [디
   자인] → 레이아웃 → 보고서 레이아웃 → **개요 형식으**
   로 표시를 선택한다.

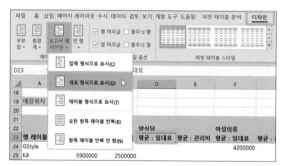

7. 매장위치(B19)의 목록 선택 단추(▼)를 클릭한 다음 목
   록에서 그림과 같이 지정한 후 〈확인〉을 클릭한다.

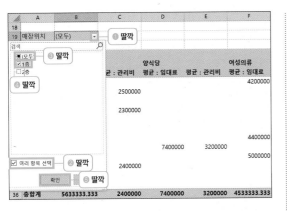

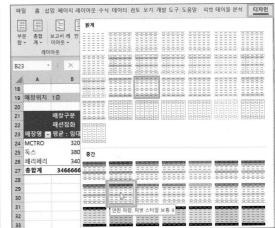

8. 피벗 테이블의 임의의 셀을 선택한 후 [디자인] → 피벗 테이블 스타일의 ⬇ → 중간 → **연한 파랑, 피벗 스타일 보통 9**를 선택한다.

설명: 문제 4 기타작업 제목 영역

 문제 **4**　　**기타작업**　　　　　　　　　정답

01. 매크로

정답

	A	B	C	D	E	F	G	H
1	컴퓨터활용능력 1급 필기 시험 결과							
2								
3	수험번호	컴퓨터일반	스프레드시트	데이터베이스	평균		평균	
4	1008-3401	65	55	80	66.7			
5	1008-3402	75	70	60	68.3			
6	1008-3403	90	95	85	90.0			
7	1008-3404	80	80	85	81.7		테두리	
8	1008-3405	60	45	50	51.7			
9	1008-3406	40	35	50	41.7			
10	1008-3407	35	40	50	41.7			
11	1008-3408	85	80	70	78.3			
12	1008-3409	75	90	80	81.7			
13	1008-3410	65	60	50	58.3			
14								

① '평균' 매크로

1. [개발 도구] → 컨트롤 → 삽입 → 양식 컨트롤 → **단추**(▭)를 선택한 후 [G3:H4] 영역에 맞게 드래그한다.
2. '매크로 지정' 대화상자의 매크로 이름에 **평균**을 입력한 후 〈기록〉을 클릭한다.
3. '매크로 기록' 대화상자에서 〈확인〉을 클릭한다.

4. [E4] 셀을 클릭하고 **=AVERAGE(B4:D4)**를 입력한 후 Enter를 누른다.
5. [E4] 셀의 채우기 핸들을 [E13] 셀까지 드래그하여 수식을 복사한다.
6. 임의의 셀을 클릭한 후 [개발 도구] → 코드 → **기록 중지**를 클릭한다.
7. 단추의 바로 가기 메뉴에서 **[텍스트 편집]**을 선택한 후 입력된 내용을 **평균**으로 수정한다.

② '테두리' 매크로

1. [삽입] → 일러스트레이션 → 도형 → 사각형 → **사각형: 둥근 모서리**(▢)를 선택한 후 [G7:H8] 영역에 맞게 드래그한다.
2. 도형의 바로 가기 메뉴에서 **[매크로 지정]**을 선택한다.
3. '매크로 지정' 대화상자의 매크로 이름에 **테두리**를 입력한 후 〈기록〉을 클릭한다.
4. '매크로 기록' 대화상자에서 〈확인〉을 클릭한다.
5. [A3:E13] 영역을 블록으로 지정한 후 [홈] → 글꼴 → 테두리(⊞ ⬇)의 ⬇ → **모든 테두리**(⊞)를 선택한다.

6. 임의의 셀을 클릭한 후 [개발 도구] → 코드 → **기록 중지**를 클릭한다.

7. 도형의 바로 가기 메뉴에서 [**텍스트 편집**]을 선택한 후 **테두리**를 입력한다.

02. 차트

① 데이터 범위 변경

1. 차트의 바로 가기 메뉴에서 [**데이터 선택**]을 선택한다.

2. '데이터 원본 선택' 대화상자에서 '차트 데이터 범위'의 범위 지정 단추(⬆)를 클릭하고 데이터 범위를 [A3: A5], [A7:A8], [D3:E5], [D7:E8] 영역으로 변경한 후 범위 지정 단추(📖)를 클릭한다.

3. '데이터 원본 선택' 대화상자에서 〈확인〉을 클릭한다.

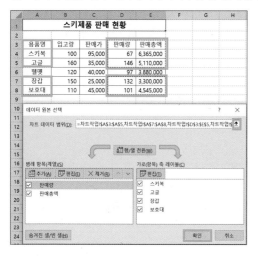

② 차트 종류 변경 및 보조 축 지정

1. '판매총액' 계열의 바로 가기 메뉴에서 [**계열 차트 종류 변경**]을 선택한다.

2. '차트 종류 변경' 대화상자의 '혼합' 탭에서 '판매총액' 계열의 '차트 종류'를 '표식이 있는 꺾은선형'으로 선택하고, '보조 축'에 체크 표시를 한 후 〈확인〉을 클릭한다.

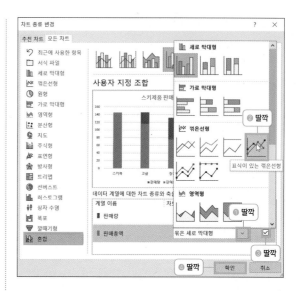

③ 세로(값) 축과 보조 세로(값) 축 서식 지정

1. 세로(값) 축의 바로 가기 메뉴에서 [**축 서식**]을 선택한다.

2. '축 서식' 창의 [축 옵션] → ▮▮(축 옵션) → **축 옵션**에서 '기본' 단위를 **40**으로 지정한 후 '닫기(✕)'를 클릭한다.

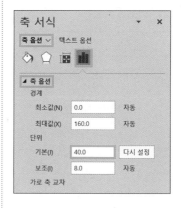

3. 동일한 방법으로 보조 세로(값) 축의 '축 서식' 창에서 그림과 같이 경계의 '최대값'을 **8000000**, 단위의 '기본'을 **2000000**으로 지정한다.

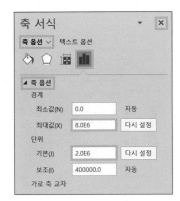

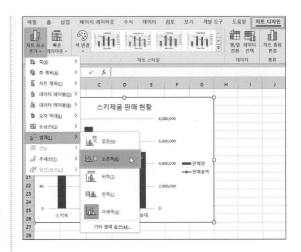

경계의 '최대값'에 **8000000**을, 단위의 '기본'에 **2000000**을 입력한 후 Enter를 누르면 자동으로 **8.0E6**과 **2.0E6**, 즉 지수로 변경됩니다.

④ 범례 위치 및 서식 지정

1. 범례를 선택한 후 [차트 디자인] → 차트 레이아웃 → 차트 요소 추가 → 범례 → **오른쪽**을 선택한다.

2. 범례가 선택된 상태에서 [홈] → **글꼴**에서 글꼴 '돋움체', 크기 10, 글꼴 스타일 '굵게'로 지정한다.

프로그램명	제한시간	수험번호 :
EXCEL 2021	40분	성명 :

2급

〈 유 의 사 항 〉

- 인적 사항 누락 및 잘못 작성으로 인한 불이익은 수험자 책임으로 합니다.
- 화면에 암호 입력창이 나타나면 아래의 암호를 입력하여야 합니다.
  - ○ **암호 : 3$4571**
- 작성된 답안은 주어진 경로 및 파일명을 변경하지 마시고 그대로 저장해야 합니다.
  이를 준수하지 않으면 실격 처리됩니다.
  - ○ **답안 파일명의 예 : C:\OA\수험번호8자리.xlsm**
- **외부 데이터 위치 : C:\OA\파일명**
- 별도의 지시사항이 없는 경우, 다음과 같이 처리 시 실격 처리됩니다.
  - ○ 제시된 시트 및 개체의 순서나 이름을 임의로 변경한 경우
  - ○ 제시된 시트 및 개체를 임의로 추가 또는 삭제한 경우
  - ○ 외부 데이터를 시험 시작 전에 열어본 경우
- 답안은 반드시 문제에서 지시 또는 요구한 셀에 입력하여야 하며, 다음과 같이 처리 시 채점 대상에서 제외됩니다.
  - ○ 제시된 함수가 있을 경우 제시된 함수만을 사용하여야 하며 그 외 함수 사용 시 채점 대상에서 제외
  - ○ 수험자가 임의로 지시하지 않은 셀의 이동, 수정, 삭제, 변경 등으로 인해 셀의 위치 및 내용이 변경된 경우 해당 작업에 영향을 미치는 관련문제 모두 채점 대상에서 제외
  - ○ 도형 및 차트의 개체가 중첩되어 있거나 동일한 계산결과 시트가 복수로 존재할 경우 해당 개체나 시트는 채점 대상에서 제외
- 수식 작성 시 제시된 문제 파일의 데이터는 변경 가능한(가변적) 데이터임을 감안하여 문제 풀이를 하시오.
- 별도의 지시사항이 없는 경우, 주어진 각 시트 및 개체의 설정값 또는 기본 설정값(Default)으로 처리하시오.
- 저장 시간은 별도로 주어지지 않으므로 제한된 시간 내에 저장을 완료해야 하며, 제한 시간 내에 저장이 되지 않은 경우에는 실격 처리됩니다.
- 출제된 문제의 용어는 Microsoft Office 2021(LTSC 2108 버전) 기준으로 작성되어 있습니다.

대한상공회의소

기본작업(20점) 주어진 시트에서 다음 과정을 수행하고 저장하시오.

1. '기본작업-1' 시트에 다음의 자료를 주어진 대로 입력하시오. (5점)

	A	B	C	D	E	F
1	스포츠센터 회원명단					
2						
3	회원코드	성별	나이	종목	주소	회원구분
4	SK-1358	남	38	수영	서울시 마포구 망원동	정회원
5	NR-6845	여	45	헬스	서울시 마포구 성산동	준회원
6	GT-2169	여	29	골프	서울시 마포구 서교동	준회원
7	SA-1967	남	46	수영	서울시 마포구 연남동	정회원
8	OP-6933	남	51	헬스	서울시 마포구 망원동	준회원
9	DV-6111	여	34	헬스	서울시 마포구 동교동	정회원
10						

2. '기본작업-2' 시트에 대하여 다음의 지시사항을 처리하시오. (각 2점)

① [A1:F1] 영역은 '병합하고 가운데 맞춤', 글꼴 '굴림체', 크기 18, 글꼴 스타일 '굵게'로 지정하시오.
② 제목 "상공종합학원 수강신청현황"의 앞뒤에 특수 문자 "■"를 삽입하시오.
③ [A3:F3] 영역은 텍스트 맞춤을 '가로 균등 분할'로, 셀 스타일을 '파랑, 강조색1'로 지정하시오.
④ [E4:E12] 영역은 사용자 지정 표시 형식을 이용하여 날짜 형식을 [표시 예]와 같이 표시하시오. [표시 예 : 2023-11-26 → 26일(일요일)]
⑤ [A3:F13] 영역은 '모든 테두리(⊞)'를 적용하고, [B13:E13] 영역은 대각선(X) 모양을 적용하여 표시하시오.

3. '기본작업-3' 시트에서 다음의 지시사항을 처리하시오. (5점)

[A4:G15] 영역에서 이어달리기가 60 이상이면서 총점이 300 이상인 행 전체에 대하여 글꼴 색을 '표준 색 – 주황', 채우기 색을 '표준 색 – 녹색'으로 지정하는 조건부 서식을 작성하시오.
▶ AND 함수 사용
▶ 단, 규칙 유형은 '수식을 사용하여 서식을 지정할 셀 결정'을 사용하고, 한 개의 규칙으로만 작성하시오.

계산작업(40점) '계산작업' 시트에서 다음 과정을 수행하고 저장하시오.

1. [표1]에서 주민등록번호[C3:C12]를 이용하여 사원들의 나이[D3:D12]를 계산하시오. (8점)

▶ 나이 = 현재 연도 – 주민등록번호의 1~2번째 자리 – 1900
▶ TODAY, YEAR, LEFT 함수 사용

2. [표2]에서 제품명[G3:G12]이 "TV"인 제품의 수출량[H3:H12] 비율을 [I3] 셀에 계산하시오. (8점)

 ▶ 수출량 비율 = TV 수출량 / 전체 수출량
 ▶ SUM, SUMIF 함수 사용

3. [표3]에서 출발일자[C16:C25]의 일(日)이 5의 배수이면 "수도권", 그 외에는 "지방"으로 출장지역[D16:D25]에 표시하시오. (8점)

 ▶ IF, MOD, DAY 함수 사용

4. [표4]에서 실적[H16:H24]과 근태[I16:I24]가 모두 5위 이내인 승진 사원의 수를 [I25] 셀에 계산하시오. (8점)

 ▶ COUNTIFS, LARGE 함수와 & 연산자 사용

5. [표5]에서 여행출발일[C29:C38]과 요일구분표[F30:G36]를 이용하여 출발요일[D29:D38]을 표시하시오. (8점)

 ▶ 월요일이 1로 시작하는 방식 사용
 ▶ VLOOKUP, WEEKDAY 함수 사용

문제 3   **분석작업(20점)** 주어진 시트에서 다음 작업을 수행하고 저장하시오.

1. '분석작업-1' 시트에 대하여 다음의 지시사항을 처리하시오. (10점)

[시나리오 관리자] 기능을 이용하여 '수입과자 판매 현황' 표에서 환율[G18]이 다음과 같이 변동하는 경우 총판매액 합계[G16]의 변동 시나리오를 작성하시오.
 ▶ [G16] 셀의 이름은 '총판매액합계', [G18] 셀의 이름은 '환율'로 정의하시오.
 ▶ 시나리오1 : 시나리오 이름은 '환율상승', 환율을 1250으로 설정하시오.
 ▶ 시나리오2 : 시나리오 이름은 '환율하락', 환율을 1050으로 설정하시오.
 ▶ 시나리오 요약 시트는 '분석작업-1' 시트의 바로 왼쪽에 위치해야함
 ※ 시나리오 요약 보고서 작성 시 정답과 일치하여야 하며, 오자로 인한 부분 점수는 인정하지 않음

2. '분석작업-2' 시트에 대하여 다음의 지시사항을 처리하시오. (10점)

[목표값 찾기] 기능을 이용하여 '향수 판매 현황' 표에서 뷰티우먼의 판매총액[F7]이 8,000,000이 되려면 판매량[E7]이 얼마가 되어야 하는지 계산하시오.

1. '매크로작업' 시트의 [표]에서 다음과 같은 기능을 수행하는 매크로를 현재 통합 문서에 작성하고 실행하시오. (각 5점)

   ① [F4:F11] 영역에 '1/4분기', '2/4분기', '3/4분기', '4/4분기'의 총액을 계산하는 매크로를 생성하여 실행하시오.

      ▶ 매크로 이름 : 총액

      ▶ SUM 함수 사용

      ▶ [개발 도구] → [컨트롤] → [삽입] → [양식 컨트롤]의 '단추(□)'를 동일 시트의 [B13:C14] 영역에 생성하고, 텍스트를 "총액"으로 입력한 후 단추를 클릭할 때 '총액' 매크로가 실행되도록 설정하시오.

   ② [B4:F11] 영역에 표시 형식을 '통화'로 적용하는 매크로를 생성하여 실행하시오.

      ▶ 매크로 이름 : 통화

      ▶ [삽입] → [일러스트레이션] → [도형] → [사각형]의 '직사각형(□)'을 동일 시트의 [E13:F14] 영역에 생성하고, 텍스트를 "통화"로 입력한 후 도형을 클릭할 때 '통화' 매크로가 실행되도록 설정하시오.

   ※ 셀 포인터의 위치에 상관없이 현재 통합 문서에서 매크로가 실행되어야 정답으로 인정됨

2. '차트작업' 시트의 차트를 지시사항에 따라 아래 〈그림〉과 같이 수정하시오. (각 2점)

   ※ 차트는 반드시 문제에서 제공한 차트를 사용하여야 하며, 신규로 작성 시 0점 처리됨

   ① '연비' 계열이 제거되도록 데이터 범위를 수정하시오.

   ② 차트 종류를 '3차원 원형'으로 변경하시오.

   ③ 차트 제목은 '차트 위'로 지정한 후 [A1] 셀과 연동되도록 설정하시오.

   ④ 데이터 계열에 데이터 레이블 '값'과 '항목 이름'을 표시하고, 레이블의 위치를 '안쪽 끝에'로 지정하시오.

   ⑤ 차트 영역의 테두리에 그림자 '안쪽 가운데'를 설정하시오.

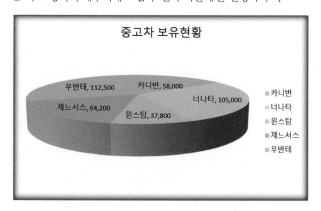

문제 1 기본작업 정답

02. 셀 서식

정답

	A	B	C	D	E	F
1	■상공종합학원 수강신청현황■					
2						
3	강 좌 명	강 사 명	강 의 실	수강요일	신 청 마 감 일	수강인원(명)
4	퍼펙트영어	정봉주	본관 101호	월/수/금	26일(일요일)	35
5	수학드림	이도현	본관 102호	월/수/금	28일(화요일)	40
6	술술논술	강사윤	본관 103호	월/수/금	25일(토요일)	25
7	유익사회	김실섭	본관 104호	월/수/금	24일(금요일)	30
8	탐구생활	우성의	본관 105호	월/수/금	27일(월요일)	20
9	국어나라	최경훈	별관 101호	화/목/토	24일(금요일)	25
10	진리수학	신영숙	별관 102호	화/목/토	26일(일요일)	30
11	독해완성	윤성희	별관 103호	화/목/토	23일(목요일)	30
12	망원경과학	선우민	별관 104호	화/목/토	26일(일요일)	35
13	합계					270
14						

❷ 특수 문자 삽입

1. 제목이 입력된 [A1] 셀을 더블클릭하거나 F2를 눌러 셀 편집 상태로 만든다.

2. 맨 왼쪽(Home)에 커서를 놓고 한글 자음 **미음(ㅁ)**을 입력한 후 한자를 누른다.

	A	B	C	D	E	F
1	■상공종합학원 수강신청현황					
2						
3	강좌명	입력→한자	강의실	수강요일	신청마감일	수강인원(명)

3. 특수 문자 선택상자 오른쪽 하단의 '»(보기 변경)'을 클릭한 후 원하는 문자를 선택하여 입력한다.

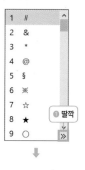

4. 동일한 방법으로 제목 끝에 "■"을 삽입하거나 이미 삽입한 "■"을 복사(Ctrl + C)한 후 제목 끝에 붙여넣기(Ctrl + V)한다.

❸ 텍스트 맞춤 지정

1. [A3:F3] 영역을 블록으로 지정한 후 Ctrl + ❶을 누른다.

2. '셀 서식' 대화상자의 '맞춤' 탭에서 그림과 같이 지정한 후 〈확인〉을 클릭한다.

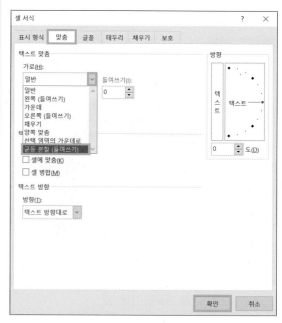

④ 사용자 지정 표시 형식

1. [E4:E12] 영역을 블록으로 지정한 후 `Ctrl`+`1`을 누른다.

2. '셀 서식' 대화상자의 '표시 형식' 탭에서 범주와 형식을 그림과 같이 지정한 후 〈확인〉을 클릭한다.

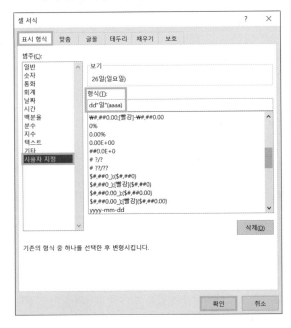

03. 조건부 서식

정답

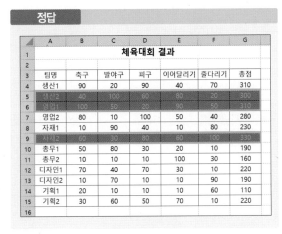

	A	B	C	D	E	F	G
1	체육대회 결과						
2							
3	팀명	축구	발야구	피구	이어달리기	줄다리기	총점
4	생산1	90	20	90	40	70	310
5	생산2	40	100	60	80	20	300
6	영업1	100	50	20	90	50	310
7	영업2	80	10	100	50	40	280
8	자재1	10	90	40	10	80	230
9	자재2	60	30	80	60	100	330
10	총무1	50	80	30	20	10	190
11	총무2	10	10	10	100	30	160
12	디자인1	70	40	70	30	10	220
13	디자인2	10	70	10	10	90	190
14	기획1	20	10	10	10	60	110
15	기획2	30	60	50	70	10	220
16							

1. [A4:G15] 영역을 블록으로 지정한 후 [홈] → 스타일 → 조건부 서식 → **새 규칙**을 선택한다.

2. '새 서식 규칙' 대화상자에서 규칙 유형과 조건을 그림과 같이 지정한 후 〈서식〉을 클릭한다.

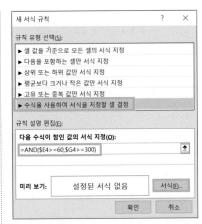

3. '셀 서식' 대화상자의 '글꼴' 탭에서 글꼴 색의 '주황'을 선택한다.

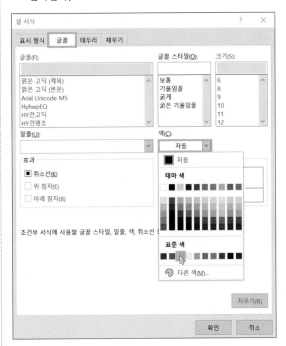

4. 이어서 '채우기' 탭에서 배경색의 '녹색'을 선택한 후 〈확인〉을 클릭한다.

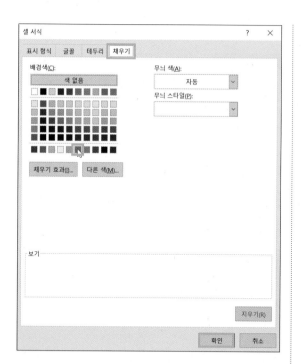

5. '새 서식 규칙' 대화상자에서도 〈확인〉을 클릭한다.

 문제 2 **계산작업** 〈정답〉

01. 나이

정답

	A	B	C	D
1	[표1]	**사원 인사기록카드**		
2	사원명	성별	주민등록번호	나이
3	김혜서	여	780621-235****	46
4	손희영	여	871001-295****	37
5	윤남호	남	810515-123****	43
6	박주선	남	760325-245****	48
7	김민설	남	951011-157****	29
8	현수아	여	891212-278****	35
9	유현석	남	860108-164****	38
10	김선영	여	930621-235****	31
11	기봉탁	남	881108-154****	36
12	이지희	여	920202-259****	32

[D3] : =YEAR(TODAY( )) – LEFT(C3, 2) – 1900
※ 결과값은 작성하는 날짜(연도)에 따라 다르게 표시됩니다.

02. TV 비율

정답

	F	G	H	I
1	[표2]	**가전제품 수출현황**		
2	제조회사	제품명	수출량	TV 비율
3	튼튼전자	TV	9,800	31%
4	튼튼전자	냉장고	6,500	
5	감성전자	세탁기	8,100	
6	유명전자	TV	5,900	
7	튼튼전자	에어컨	5,600	
8	문한전자	냉장고	7,000	
9	유명전자	세탁기	9,000	
10	감성전자	TV	6,750	
11	감성전자	냉장고	8,000	
12	문한전자	에어컨	6,200	

[I3] : =SUMIF(G3:G12, "TV", H3:H12) / SUM(H3:H12)

03. 출장지역

정답

	A	B	C	D
14	[표3]	10월 출장일정표		
15	사원코드	기간	출발일자	출장지역
16	kys-101	3일	2023-10-04	지방
17	dwk-245	2일	2023-10-04	지방
18	ync-967	4일	2023-10-05	수도권
19	cmh-651	3일	2023-10-05	수도권
20	sso-730	4일	2023-10-05	수도권
21	lhe-554	2일	2023-10-09	지방
22	jsh-492	2일	2023-10-09	지방
23	kes-238	4일	2023-10-10	수도권
24	kkh-867	3일	2023-10-11	지방
25	lyk-303	3일	2023-10-11	지방

[D16] : =IF(MOD(DAY(C16), 5)=0, "수도권", "지방")

04. 승진 사원수

정답

	F	G	H	I
14	[표4]	승진시험 결과표		
15	사원명	부서명	실적	근태
16	고강민	마케팅부	78	67
17	유나리	마케팅부	81	81
18	남경훈	마케팅부	91	94
19	김민준	기획부	63	68
20	강해진	기획부	92	92
21	최이영	기획부	88	58
22	박윤철	영업부	83	88
23	김은진	영업부	68	76
24	윤순영	영업부	77	69
25	승진 사원수			4

[I25] : =COUNTIFS(H16:H24, ">="&LARGE(H16:H24, 5), I16:I24, ">="&LARGE(I16:I24, 5))

05. 출발요일

정답

	A	B	C	D	E	F	G
27	[표5]	상공여행사 예약 현황					
28	예약코드	여행지	여행출발일	출발요일		<요일구분표>	
29	A-6527	괌	2023-10-04	수요일		구분	요일
30	K-1735	하와이	2023-10-05	목요일		1	월요일
31	N-1224	사이판	2023-10-06	금요일		2	화요일
32	A-5095	괌	2023-10-12	목요일		3	수요일
33	A-3957	괌	2023-10-13	금요일		4	목요일
34	N-7090	사이판	2023-10-17	화요일		5	금요일
35	K-2389	하와이	2023-10-18	수요일		6	토요일
36	A-3347	괌	2023-10-21	토요일		7	일요일
37	N-6902	사이판	2023-10-25	수요일			
38	K-9581	하와이	2023-10-27	금요일			

[D29] : =VLOOKUP(WEEKDAY(C29, 2), $F$30: $G$36, 2)

궁금해요

시나공 Q&A 베스트

Q '실적이 5위 이내'의 수식을 ">=LARGE(H16:H24, 5)"로 입력하면 안되나요?

A 안됩니다. 함수를 큰따옴표(" ")로 묶어서 입력하면 함수가 아닌 텍스트로 인식하여 올바른 결과가 나오지 않습니다. 함수를 이용하여 조건을 지정하려면 ">="&LARGE(H16:H24, 5)와 같이 관계연산자(>=, >, <=)와 함수를 분리하여 입력하고, 관계연산자는 큰따옴표(" ")로 묶어줘야 합니다. 그리고 두 개의 문자열을 &로 연결합니다.

문제 **3** 　분석작업

정답

01. 시나리오

정답

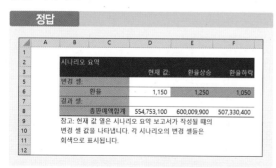

1. [G16] 셀을 클릭한 후 수식 입력줄 왼쪽 끝에 있는 이름 상자에 **총판매액합계**를 입력하고 Enter를 누른다.
2. 동일한 방법으로 [G18] 셀의 이름을 **환율**로 정의한다.
3. [데이터] → 예측 → 가상 분석 → **시나리오 관리자**를 선택한다.
4. '시나리오 관리자' 대화상자에서 〈추가〉를 클릭한다.
5. '시나리오 추가' 대화상자에서 시나리오 이름에 **환율상승**, 변경 셀에 [G18] 셀을 지정한 후 〈확인〉을 클릭한다.

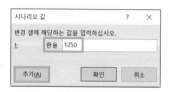

6. '시나리오 값' 대화상자의 변경될 값에 **1250**을 입력한 후 〈추가〉를 클릭한다.

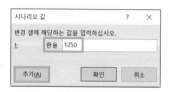

7. '시나리오 추가' 대화상자의 시나리오 이름에 **환율하락**, 변경 셀에 [G18] 셀을 지정한 후 〈확인〉을 클릭한다.

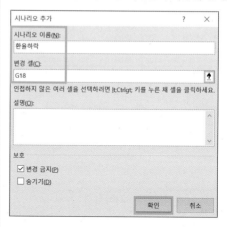

8. '시나리오 값' 대화상자의 변경될 값에 **1050**을 입력한 후 〈확인〉을 클릭한다.

9. '시나리오 관리자' 대화상자에서 〈요약〉을 클릭한다.
10. '시나리오 요약' 대화상자에서 보고서 종류를 '시나리오 요약', 결과 셀을 [G16] 셀로 지정한 후 〈확인〉을 클릭한다.

02. 목표값 찾기

정답

	A	B	C	D	E	F
1	향수 판매 현황					
2						
3	제품명	분류	용량	판매가	판매량	판매총액
4	불가로옴므	남성용	120	35,000	123	4,305,000
5	루이블루맨	남성용	100	20,000	153	3,060,000
6	메리미콥스	여성용	100	40,000	186	7,440,000
7	뷰티우먼	여성용	80	35,000	229	8,000,000
8	버버타스로	공용	115	20,000	245	4,900,000
9	코티러브	공용	90	24,000	218	5,232,000
10						

1. [데이터] → 예측 → 가상 분석 → **목표값 찾기**를 선택한다.
2. '목표값 찾기' 대화상자에서 수식 셀, 찾는 값, 값을 바꿀 셀을 그림과 같이 지정한 후 〈확인〉을 클릭한다.

목표값 찾기	? ×
수식 셀(E):	$F$7
찾는 값(V):	8000000
값을 바꿀 셀(C):	$E$7
확인	취소

3. '목표값 찾기 상태' 대화상자에서 〈확인〉을 클릭한다.

 문제 **4**   기타작업   정답

01. 매크로

정답

	A	B	C	D	E	F
1	지점별 판매금액					
2						
3	지점코드	1/4분기	2/4분기	3/4분기	4/4분기	총액
4	A-001	₩33,000	₩77,000	₩61,000	₩54,000	₩225,000
5	A-002	₩50,000	₩79,000	₩43,000	₩67,000	₩239,000
6	A-003	₩47,000	₩36,000	₩78,000	₩54,000	₩215,000
7	A-004	₩59,000	₩55,000	₩76,000	₩31,000	₩221,000
8	A-005	₩65,000	₩39,000	₩67,000	₩54,000	₩225,000
9	A-006	₩76,000	₩41,000	₩51,000	₩38,000	₩206,000
10	A-007	₩46,000	₩59,000	₩78,000	₩31,000	₩214,000
11	A-008	₩78,000	₩75,000	₩35,000	₩54,000	₩242,000
12						
13		총액			통화	
14						
15						

❶ '총액' 매크로

1. [개발 도구] → 컨트롤 → 삽입 → 양식 컨트롤 → **단추**(□)를 선택한 후 [B13:C14] 영역에 맞게 드래그한다.
2. '매크로 지정' 대화상자의 매크로 이름에 **총액**을 입력한 후 〈기록〉을 클릭한다.
3. '매크로 기록' 대화상자에서 〈확인〉을 클릭한다.
4. [F4] 셀을 클릭하고 **=SUM(B4:E4)**를 입력한 후 Enter를 누른다.
5. [F4] 셀의 채우기 핸들을 [F11] 셀까지 드래그하여 수식을 복사한다.
6. 임의의 셀을 클릭한 후 [개발 도구] → 코드 → **기록 중지**를 클릭한다.

7. 단추의 바로 가기 메뉴에서 [**텍스트 편집**]을 선택한 후 입력된 내용을 **총액**으로 수정한다.

❷ '통화' 매크로

1. [삽입] → 일러스트레이션 → 도형 → 사각형 → **직사각형**(□)을 선택한 후 [E13:F14] 영역에 맞게 드래그한다.
2. 도형의 바로 가기 메뉴에서 [**매크로 지정**]을 선택한다.
3. '매크로 지정' 대화상자의 매크로 이름에 **통화**를 입력한 후 〈기록〉을 클릭한다.
4. '매크로 기록' 대화상자에서 〈확인〉을 클릭한다.
5. [B4:F11] 영역을 블록으로 지정한 후 [홈] → 표시 형식 → 일반 의 ☑ → **통화**를 선택한다.
6. 임의의 셀을 클릭한 후 [개발 도구] → 코드 → **기록 중지**를 클릭한다.
7. 도형의 바로 가기 메뉴에서 [**텍스트 편집**]을 선택한 후 **통화**를 입력한다.

02. 차트

❶ 데이터 계열 삭제

1. 차트의 바로 가기 메뉴에서 **[데이터 선택]**을 선택한다.
2. '데이터 원본 선택' 대화상자에서 '범례 항목(계열)'의 '연비'를 선택한 후 〈제거〉와 〈확인〉을 차례로 클릭한다.

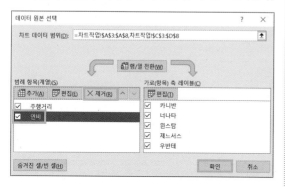

❸ 제목 연동

1. 차트를 선택한 후 [차트 디자인] → 차트 레이아웃 → 차트 요소 추가 → 차트 제목 → **차트 위**를 선택하여 차트 제목을 삽입한다.
2. 차트 제목이 선택된 상태에서 수식 입력줄을 클릭하고 =을 입력한 후 [A1] 셀을 클릭하고 Enter를 누른다.

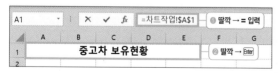

❹ 데이터 레이블 지정

1. 데이터 계열을 선택한 후 [차트 디자인] → 차트 레이아웃 → 차트 요소 추가 → 데이터 레이블 → **기타 데이터 레이블 옵션**을 선택한다.
2. '데이터 레이블 서식' 창의 [레이블 옵션] → ⬛(레이블 옵션) → **레이블 옵션**에서 레이블 내용의 '항목 이름'과 '값'을 선택하고, 레이블 위치를 '안쪽 끝에'로 선택한 후 '닫기(❎)'를 클릭한다.

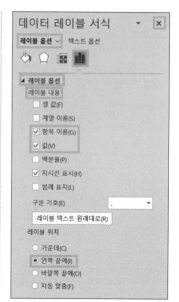

❺ 그림자 지정

차트를 선택한 후 [서식] → 도형 스타일 → 도형 효과 → 그림자 → **안쪽 가운데**를 선택한다.

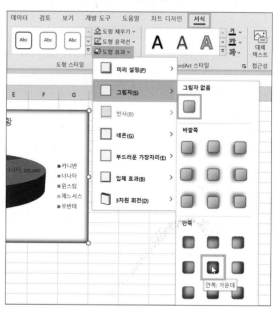

2024년 컴퓨터활용능력 2급 실기

기출문제

프로그램명	제한시간	수험번호 :
EXCEL 2021	40분	성명 :

2급

〈 유 의 사 항 〉

- 인적 사항 누락 및 잘못 작성으로 인한 불이익은 수험자 책임으로 합니다.
- 화면에 암호 입력창이 나타나면 아래의 암호를 입력하여야 합니다.
  - 암호 : 99@308
- 작성된 답안은 주어진 경로 및 파일명을 변경하지 마시고 그대로 저장해야 합니다.
  이를 준수하지 않으면 실격 처리됩니다.
  - 답안 파일명의 예 : C:\OA\수험번호8자리.xlsm
- **외부 데이터 위치 : C:\OA\파일명**
- 별도의 지시사항이 없는 경우, 다음과 같이 처리 시 실격 처리됩니다.
  - 제시된 시트 및 개체의 순서나 이름을 임의로 변경한 경우
  - 제시된 시트 및 개체를 임의로 추가 또는 삭제한 경우
  - 외부 데이터를 시험 시작 전에 열어본 경우
- 답안은 반드시 문제에서 지시 또는 요구한 셀에 입력하여야 하며, 다음과 같이 처리 시 채점 대상에서 제외됩니다.
  - 제시된 함수가 있을 경우 제시된 함수만을 사용하여야 하며 그 외 함수 사용 시 채점 대상에서 제외
  - 수험자가 임의로 지시하지 않은 셀의 이동, 수정, 삭제, 변경 등으로 인해 셀의 위치 및 내용이 변경된 경우 해당 작업에 영향을 미치는 관련문제 모두 채점 대상에서 제외
  - 도형 및 차트의 개체가 중첩되어 있거나 동일한 계산결과 시트가 복수로 존재할 경우 해당 개체나 시트는 채점 대상에서 제외
- 수식 작성 시 제시된 문제 파일의 데이터는 변경 가능한(가변적) 데이터임을 감안하여 문제 풀이를 하시오.
- 별도의 지시사항이 없는 경우, 주어진 각 시트 및 개체의 설정값 또는 기본 설정값(Default)으로 처리하시오.
- 저장 시간은 별도로 주어지지 않으므로 제한된 시간 내에 저장을 완료해야 하며, 제한 시간 내에 저장이 되지 않은 경우에는 실격 처리됩니다.
- 출제된 문제의 용어는 Microsoft Office 2021(LTSC 2108 버전) 기준으로 작성되어 있습니다.

대한상공회의소

1. '기본작업-1' 시트에 다음의 자료를 주어진 대로 입력하시오. (5점)

	A	B	C	D	E	F
1	우진회 회원 현황					
2						
3	회원명	성별	별칭	지역	가입년도	연락처
4	김미경	여	Angellove	마포구	2020년	010-8974-2598
5	박동신	남	Vincent	강남구	2016년	010-4258-6622
6	윤민성	여	Chocopie	서대문구	2019년	010-3155-8857
7	최진수	남	Kingkong	용산구	2021년	010-3186-5115
8	김윤선	여	Sabina	관악구	2017년	010-6987-2698
9	이대로	남	Goodboy	성북구	2020년	010-2268-9444
10	유진실	여	Vivian	노원구	2018년	010-9784-4547
11						

2. '기본작업-2' 시트에 대하여 다음의 지시사항을 처리하시오. (각 2점)

① [A3:A4], [B3:B4], [C3:C4], [D3:D4], [E3:G3], [H3:H4] 영역은 '병합하고 가운데 맞춤'을 지정하고, [A3:H4] 영역은 글꼴 스타일 '굵게', 채우기 색 '표준 색 – 빨강'으로 지정하시오.

② [E4:G4] 영역은 사용자 지정 표시 형식을 이용하여 문자 뒤에 "%"를 [표시 예]와 같이 표시하시오. [표시 예 : 10~20 → 10~20%]

③ [E5:G16] 영역의 이름을 "출석률"로 정의하시오.

④ [H3] 셀의 "총점"을 한자 "總點"으로 변환하시오.

⑤ [A3:H16] 영역에 테두리 스타일 '모든 테두리(⊞)', 선 스타일 '실선', 테두리 색 '표준 색 – 파랑'으로 적용하시오.

3. '기본작업-3' 시트에서 다음의 지시사항을 처리하시오. (5점)

[A4:G16] 영역에서 직위가 '사원'이거나 수당이 1,000,000 이상인 행 전체에 대하여 글꼴 색을 '표준 색 – 파랑', 밑줄을 '실선'으로 지정하는 조건부 서식을 작성하시오.

▶ OR 함수 사용

▶ 단, 규칙 유형은 '수식을 사용하여 서식을 지정할 셀 결정'을 사용하고, 한 개의 규칙으로만 작성하시오.

계산작업(40점) '계산작업' 시트에서 다음 과정을 수행하고 저장하시오.

1. [표1]에서 제품코드[A3:A12]를 이용하여 등록일자[E3:E12]를 표시하시오. (8점)
   - ▶ 등록일자의 '연도'는 2000+제품코드 1~2번째 자리, '월'은 제품코드 3~4번째 자리, '일'은 제품코드 5~6번째 자리임
   - ▶ DATE, MID, LEFT 함수 사용

2. [표2]에서 응시여부[I3:I12]를 이용하여 전체 응시자에 대한 결시자의 결시율 [K3] 셀에 계산하시오. (8점)
   - ▶ 결시율 = 응시여부가 공백인 수 / 전체 응시자수 × 100
   - ▶ 계산된 결시율 뒤에 "%"를 포함하여 표시 [표시 예 : 10 → 10%]
   - ▶ COUNTBLANK, COUNTA 함수와 & 연산자 사용

3. [표3]에서 지역[B16:B26]이 "서울"이면서 점수[C16:C26]가 90 이상이거나 지역이 "인천"이면서 점수가 90 이상인 참가자들의 평균 점수를 [C27] 셀에 계산하시오. (8점)
   - ▶ 평균 점수는 소수점 이하 둘째 자리에서 반올림하여 첫째 자리까지 표시
     [표시 예 : 87.65 → 87.7]
   - ▶ 조건은 [D25:E27] 영역에 입력하시오.
   - ▶ ROUND, ROUNDUP, ROUNDDOWN, DAVERAGE 함수 중 알맞은 함수들을 선택하여 사용

4. [표4]에서 판매량[J16:J23]과 제품코드[H16:H23], 제품단가표[H26:K27]를 이용하여 제품별 판매금액[K16:K23]을 계산하시오. (8점)
   - ▶ 판매금액 = 판매량 × 단가
   - ▶ 단가는 제품코드의 마지막 글자와 제품단가표를 참조하여 계산
   - ▶ HLOOKUP, RIGHT 함수 사용

5. [표5]에서 총점[D31:D39]이 상위 3위 이내이면 "◆", 하위 3위 이내이면 "◇", 그 외에는 공백을 결과[E31:E39]에 표시하시오. (8점)
   - ▶ IF, LARGE, SMALL 함수 사용

분석작업(20점) 주어진 시트에서 다음 작업을 수행하고 저장하시오.

1. '분석작업-1' 시트에 대하여 다음의 지시사항을 처리하시오. (10점)

데이터 도구 [통합] 기능을 이용하여 [표1], [표2], [표3]에 대한 제품코드별 '판매량'과 '판매금액'의 합계를 [표4]의 [G16:H25] 영역에 계산하시오.

2. '분석작업-2' 시트에 대하여 다음의 지시사항을 처리하시오. (10점)

[부분합] 기능을 이용하여 '사원별 급여 현황' 표에 〈그림〉과 같이 부서별 '결근일수'의 평균을 계산한 후 직위별 '실수령액'의 최소를 계산하시오.

▶ 정렬은 첫째 기준 '부서'를 기준으로 오름차순, 둘째 기준 '직위'를 기준으로 내림차순으로 처리하시오.

▶ 평균의 소수 자릿수는 1로 하시오.

▶ 평균과 최소는 위에 명시된 순서대로 처리하시오.

	A	B	C	D	E	F	G	H	I
1				사원별 급여 현황					
2									
3	사원명	부서	직위	결근일수	기본급	수당	상여금	세금	실수령액
4	김보라	영업부	사원	1	1,600,000	600,000	800,000	360,000	2,640,000
5	임신선	영업부	사원	2	1,600,000	550,000	800,000	354,000	2,596,000
6			사원 최소						2,596,000
7	남자유	영업부	대리	3	2,000,000	700,000	1,000,000	444,000	3,256,000
8	방귀남	영업부	대리	0	2,000,000	800,000	1,000,000	456,000	3,344,000
9	신호동	영업부	대리	2	2,000,000	700,000	1,000,000	444,000	3,256,000
10			대리 최소						3,256,000
11	이동중	영업부	과장	2	2,500,000	800,000	1,250,000	546,000	4,004,000
12			과장 최소						4,004,000
13		영업부 평균		1.7					
14	박지원	자재부	사원	1	1,600,000	600,000	800,000	360,000	2,640,000
15	안태연	자재부	사원	2	1,600,000	550,000	800,000	354,000	2,596,000
16			사원 최소						2,596,000
17	강아진	자재부	대리	0	2,000,000	800,000	1,000,000	456,000	3,344,000
18	금성인	자재부	대리	1	2,000,000	750,000	1,000,000	450,000	3,300,000
19			대리 최소						3,300,000
20	백김치	자재부	과장	1	2,500,000	900,000	1,250,000	558,000	4,092,000
21	왕방울	자재부	과장	1	2,500,000	900,000	1,250,000	558,000	4,092,000
22			과장 최소						4,092,000
23		자재부 평균		1.0					
24	주길노	홍보부	부장	2	3,000,000	1,300,000	1,500,000	696,000	5,104,000
25			부장 최소						5,104,000
26	김전진	홍보부	대리	0	2,000,000	800,000	1,000,000	456,000	3,344,000
27	우연희	홍보부	대리	1	2,000,000	750,000	1,000,000	450,000	3,300,000
28			대리 최소						3,300,000
29	강백호	홍보부	과장	1	2,500,000	900,000	1,250,000	558,000	4,092,000
30	장애우	홍보부	과장	0	2,500,000	1,000,000	1,250,000	570,000	4,180,000
31	현상부	홍보부	과장	0	2,500,000	1,000,000	1,250,000	570,000	4,180,000
32			과장 최소						4,092,000
33		홍보부 평균		0.7					
34			전체 최소값						2,596,000
35		전체 평균		1.1					
36									

1. '매크로작업' 시트의 [표]에서 다음과 같은 기능을 수행하는 매크로를 현재 통합 문서에 작성하고 실행하시오. (각 5점)

① [E5:E14] 영역에 사원별 판매금액을 계산하는 매크로를 생성하여 실행하시오.
    ▶ 매크로 이름 : 판매금액
    ▶ 판매금액 = 판매가 × 판매량
    ▶ [개발 도구] → [컨트롤] → [삽입] → [양식 컨트롤]의 '단추(□)'를 동일 시트의 [G4:H5] 영역에 생성하고, 텍스트를 "판매금액"으로 입력한 후 단추를 클릭할 때 '판매금액' 매크로가 실행되도록 설정하시오.
② [E3], [E5:E14] 영역에 '회계 표시 형식(₩)'을 지정하는 매크로를 생성하여 실행하시오.
    ▶ 매크로 이름 : 회계
    ▶ [삽입] → [일러스트레이션] → [도형] → [기본 도형]의 '사각형: 빗면(□)'을 동일 시트의 [G7:H8] 영역에 생성하고, 텍스트를 "회계"로 입력한 후 도형을 클릭할 때 '회계' 매크로가 실행되도록 설정하시오.
※ 셀 포인터의 위치에 상관없이 현재 통합 문서에서 매크로가 실행되어야 정답으로 인정됨

2. '차트작업' 시트의 차트를 지시사항에 따라 아래 〈그림〉과 같이 수정하시오. (각 2점)

※ 차트는 반드시 문제에서 제공한 차트를 사용하여야 하며, 신규로 작성 시 0점 처리됨
① '객실번호'가 '101호~105호'인 '기준인원'의 데이터가 차트에 표시되도록 데이터 범위를 추가하시오.
② '기준인원' 계열의 차트 종류를 '묶은 세로 막대형'으로 변경하고, '보조 축'으로 지정하시오.
③ 차트 제목은 '차트 위'로 추가하여 〈그림〉과 같이 입력하고, 글꼴 '궁서체', 크기 16, 글꼴 색 '표준 색 – 노랑', 채우기 색 '표준 색 – 파랑'으로 지정하시오.
④ 차트에 '레이아웃 3'을 지정하시오.
⑤ 기본 세로(값) 축의 기본 단위는 40,000, 보조 세로(값) 축의 기본 단위는 2로 지정하시오.

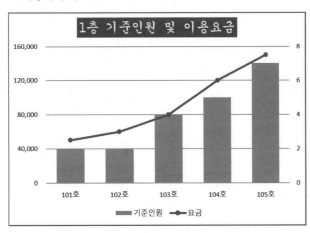

문제 **1** 기본작업 〈정답〉

02. 셀 서식

정답

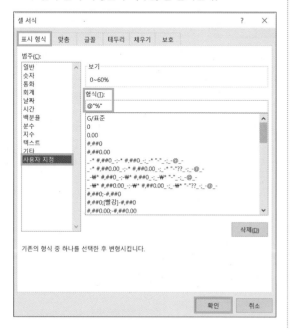

② 사용자 지정 표시 형식

1. [E4:G4] 영역을 블록으로 지정한 후 Ctrl+①을 누른다.
2. '셀 서식' 대화상자의 '표시 형식' 탭에서 범주와 형식을 그림과 같이 지정한 후 〈확인〉을 클릭한다.

셀 서식	? ×
표시 형식 맞춤 글꼴 테두리 채우기 보호	

범주(C):
일반
숫자
통화
회계
날짜
시간
백분율
분수
지수
텍스트
기타
사용자 지정

보기
0~60%

형식(T):
@"%"

G/표준
0
0.00
#,##0
#,##0.00
-* #,##0_-;-* #,##0_-;_-* "-"_-;_-@_-
_-* #,##0.00_-;-* #,##0.00_-;_-* "-"??_-;_-@_-
_-₩* #,##0_-;-₩* #,##0_-;_-₩* "-"_-;_-@_-
_-₩* #,##0.00_-;-₩* #,##0.00_-;_-₩* "-"??_-;_-@_-
#,##0;-#,##0
#,##0;[빨강]-#,##0
#,##0.00;-#,##0.00

삭제(D)

기존의 형식 중 하나를 선택한 후 변형시킵니다.

확인 취소

③ 이름 정의

[E5:G16] 영역을 블록으로 지정하고 이름 상자에 **출석률**을 입력한 후 Enter를 누른다.

⑤ 테두리 서식

1. [A3:H16] 영역을 블록으로 지정한 후 Ctrl+①을 누른다.
2. '셀 서식' 대화상자의 '테두리' 탭에서 선 스타일(실선)과 색(파랑), 윤곽선과 안쪽에 해당하는 테두리 스타일을 순서대로 선택한 후 〈확인〉을 클릭한다.

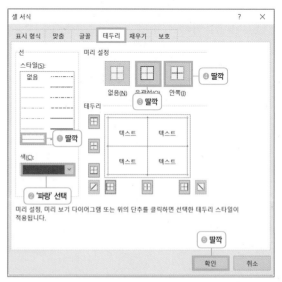

03. 조건부 서식

정답

	A	B	C	D	E	F	G
1				퇴직금 정산 현황			
2							
3	사원명	부서명	직위	근속기간	기본급	수당	퇴직금
4	한가득	영업부	차장	18	3,000,000	1,200,000	55,200,000
5	민검욱	영업부	과장	15	2,500,000	1,000,000	38,500,000
6	김진우	영업부	대리	11	2,000,000	800,000	22,800,000
7	이진경	영업부	사원	3	1,500,000	600,000	5,100,000
8	염지성	생산부	차장	17	3,000,000	1,150,000	52,150,000
9	유도치	생산부	과장	13	2,500,000	950,000	33,450,000
10	허구유	생산부	대리	9	1,800,000	750,000	16,950,000
11	이미희	생산부	대리	10	2,000,000	800,000	20,800,000
12	공석도	생산부	사원	4	1,500,000	600,000	6,600,000
13	신용장	기획부	차장	19	3,200,000	1,250,000	62,050,000
14	조건웅	기획부	과장	12	2,200,000	900,000	27,300,000
15	양문영	기획부	대리	8	1,800,000	750,000	15,150,000
16	정보화	기획부	대리	10	2,000,000	800,000	20,800,000
17							

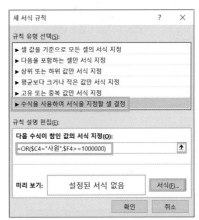

1. [A4:G16] 영역을 블록으로 지정한 후 [홈] → 스타일 → 조건부 서식 → **새 규칙**을 선택한다.

2. '새 서식 규칙' 대화상자에서 규칙 유형과 조건을 그림과 같이 지정한 후 〈서식〉을 클릭한다.

3. '셀 서식' 대화상자의 '글꼴' 탭에서 밑줄 '실선', 글꼴 색 '파랑'을 지정한 후 〈확인〉을 클릭한다.

4. '새 서식 규칙' 대화상자에서도 〈확인〉을 클릭한다.

문제 2 계산작업   정답

01. 등록일자

정답

	A	B	C	D	E
1	[표1]	제품등록관리			
2	제품코드	제품명	생산량	담당자	등록일자
3	220325P	침대	2,500	임상욱	2022-03-25
4	220409C	화장대	3,000	고준용	2022-04-09
5	220413M	옷장	5,000	유회식	2022-04-13
6	220422S	매트리스	4,000	강한순	2022-04-22
7	220430A	거실장	2,000	최선호	2022-04-30
8	220503K	이층침대	1,500	이상희	2022-05-03
9	220510F	스탠드	5,000	김성완	2022-05-10
10	220512B	식탁	6,500	박부성	2022-05-12
11	220518D	책장	4,500	서기운	2022-05-18
12	220524N	책상	6,000	양윤민	2022-05-24

[E3] : =DATE(2000+LEFT(A3, 2), MID(A3, 3, 2), MID(A3, 5, 2))

02. 결시율

정답

	G	H	I	J	K
1	[표2]	실기시험 응시현황			
2	수험번호	성별	응시여부	획득점수	결시율
3	375001	여	O	75	30%
4	375002	남		0	
5	375004	남	O	64	
6	375013	남	O	88	
7	375024	여	O	51	
8	375033	남		0	
9	375038	여	O	92	
10	375042	남		0	
11	375046	여	O	67	
12	375049	여	O	86	

[K3] : =COUNTBLANK(I3:I12) / COUNTA(G3:G12) * 100 & "%"

03. 수도권 우수자 평균

	A	B	C	D	E
14	[표3]	사진 공모전 결과			
15	참가번호	지역	점수		
16	1025	서울	75		
17	1201	인천	83		
18	1226	광주	88		
19	1325	강원도	92		
20	1388	서울	95		
21	1395	강원도	76		
22	1438	목포	94		
23	1457	인천	92		
24	1599	목포	88		<조건>
25	1601	부산	78	지역	점수
26	1625	서울	90	서울	>=90
27	수도권 우수자 평균		92.3	인천	>=90

[C27] : =ROUND(DAVERAGE(A15:C26, 3, D25:E27), 1)

04. 판매금액

	G	H	I	J	K
14	[표4]	가전제품 판매현황			
15	번호	제품코드	입고량	판매량	판매금액
16	1	1301-A	100	91	1,365,000
17	2	1301-B	150	133	1,330,000
18	3	1301-C	120	119	1,428,000
19	4	1301-D	100	86	1,720,000
20	5	1401-A	80	78	1,170,000
21	6	1401-B	90	59	590,000
22	7	1401-C	120	111	1,332,000
23	8	1401-D	100	82	1,640,000
24					
25	<제품단가표>				
26	제품기호	A	B	C	D
27	단가	15,000	10,000	12,000	20,000

[K16] : =J16 * HLOOKUP(RIGHT(H16, 1), $H$26:$K$27, 2, FALSE)

05. 결과

	A	B	C	D	E
29	[표5]	문법경시대회 결과			
30	응시번호	단어	문법	총점	결과
31	M25001	46	43	89	
32	M25001	38	42	80	
33	M25001	46	49	95	◆
34	M25001	37	33	70	◇
35	M25001	38	35	73	◇
36	M25001	47	45	92	◆
37	M25001	50	48	98	◆
38	M25001	39	32	71	◇
39	M25001	41	40	81	

[E31] : =IF(D31>=LARGE($D$31:$D$39, 3), "◆", IF(D31<=SMALL($D$31:$D$39, 3), "◇", " "))

01. 통합

정답

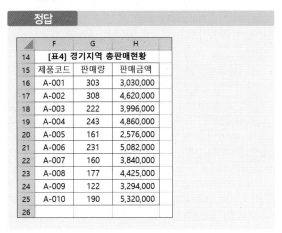

	F	G	H
14	**[표4] 경기지역 총판매현황**		
15	제품코드	판매량	판매금액
16	A-001	303	3,030,000
17	A-002	308	4,620,000
18	A-003	222	3,996,000
19	A-004	243	4,860,000
20	A-005	161	2,576,000
21	A-006	231	5,082,000
22	A-007	160	3,840,000
23	A-008	177	4,425,000
24	A-009	122	3,294,000
25	A-010	190	5,320,000
26			

1. [F15:H25] 영역을 블록으로 지정한 후 [데이터] → 데이터 도구 → **통합**을 클릭한다.
2. '통합' 대화상자에서 함수를 '합계'로 지정한 다음 참조를 클릭하고 [A2:D12] 영역을 블록으로 지정한 후 〈추가〉를 클릭한다.
3. 동일한 방법으로 [F2:I12], [A15:D25] 영역을 추가하고 사용할 레이블을 그림과 같이 지정한 후 〈확인〉을 클릭한다.

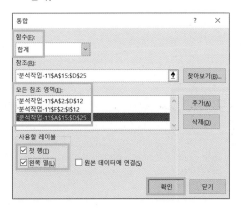

02. 부분합

1. 데이터 영역(A3:I21)의 임의의 셀을 선택한 후 [데이터] → 정렬 및 필터 → **정렬**을 클릭한다.
2. '정렬' 대화상자에서 그림과 같이 지정한 후 〈확인〉을 클릭한다.

3. 데이터 영역(A3:I21) 안에 셀 포인터가 놓여 있는 상태에서 부서별 '결근일수'의 평균을 계산하기 위해 [데이터] → 개요 → **부분합**을 클릭한다.
4. '부분합' 대화상자에서 그룹화할 항목, 사용할 함수, 부분합 계산 항목을 그림과 같이 지정한 후 〈확인〉을 클릭한다.

5. 직위별 '실수령액'의 최소를 계산하기 위해 [데이터] → 개요 → **부분합**을 클릭한다.
6. '부분합' 대화상자에서 그룹화할 항목, 사용할 함수, 부분합 계산 항목을 그림과 같이 지정하고, '새로운 값으로 대치'의 체크 표시를 해제한 후 〈확인〉을 클릭한다.

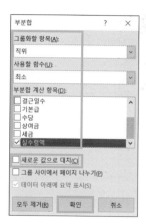

7. '결근일수'의 평균이 표시된 [D13], [D23], [D33], [D35] 영역을 블록으로 지정한 후 [홈] → 표시 형식 → (자릿수 줄임)을 5번 클릭한다.

문제 4 **기타작업** 정답

01. 매크로

정답

	A	B	C	D	E	F	G	H
1			영업 사원 판매 현황					
2								
3				판매가	₩ 20,000			
4	사원명	성별	직위	판매량	판매금액		판매금액	
5	하숙인	남	부장	234	₩ 4,680,000			
6	조간지	여	과장	218	₩ 4,360,000			
7	백두산	남	과장	158	₩ 3,160,000		회계	
8	김선미	여	대리	210	₩ 4,200,000			
9	동사개	남	대리	200	₩ 4,000,000			
10	이하늘	여	대리	169	₩ 3,380,000			
11	유가람	여	사원	195	₩ 3,900,000			
12	신정자	여	사원	204	₩ 4,080,000			
13	강진성	남	사원	182	₩ 3,640,000			
14	박명철	남	사원	216	₩ 4,320,000			
15								

❶ '판매금액' 매크로

1. [개발 도구] → 컨트롤 → 삽입 → 양식 컨트롤 → **단추**(□)를 선택한 후 [G4:H5] 영역에 맞게 드래그한다.

2. '매크로 지정' 대화상자의 매크로 이름에 **판매금액**을 입력한 후 〈기록〉을 클릭한다.

3. '매크로 기록' 대화상자에서 〈확인〉을 클릭한다.

4. [E5] 셀을 클릭하고 **=$E$3*D5**를 입력한 후 Enter를 누른다.

5. [E5] 셀의 채우기 핸들을 [E14] 셀까지 드래그하여 수식을 복사한다.

6. 임의의 셀을 클릭한 후 [개발 도구] → 코드 → **기록 중지**를 클릭한다.

7. 단추의 바로 가기 메뉴에서 [**텍스트 편집**]을 선택한 후 입력된 내용을 **판매금액**으로 수정한다.

❷ '회계' 매크로

1. [삽입] → 일러스트레이션 → 도형 → 기본 도형 → **사각형 : 빗면**(□)을 선택한 후 [G7:H8] 영역에 맞게 드래그한다.

2. 도형의 바로 가기 메뉴에서 [**매크로 지정**]을 선택한다.

3. '매크로 지정' 대화상자의 매크로 이름에 **회계**를 입력한 후 〈기록〉을 클릭한다.

4. '매크로 기록' 대화상자에서 〈확인〉을 클릭한다.

5. [E3], [E5:E14] 영역을 블록으로 지정한 후 [홈] → 표시 형식 → (회계 표시 형식)을 클릭한다.

6. 임의의 셀을 클릭한 후 [개발 도구] → 코드 → **기록 중지**를 클릭한다.

7. 도형의 바로 가기 메뉴에서 [**텍스트 편집**]을 선택한 후 **회계**를 입력한다.

02. 차트

❶ 데이터 범위 추가

1. [C3:C8] 영역을 블록으로 지정한 후 Ctrl+C를 눌러 복사한다.

2. 차트를 선택한 후 Ctrl+V를 눌러 붙여넣기 한다.

❷ 차트 종류 변경 및 보조 축 지정

1. '기준인원' 계열의 바로 가기 메뉴에서 [**계열 차트 종류 변경**]을 선택한다.

2. '차트 종류 변경' 대화상자의 '혼합' 탭에서 '기준인원' 계열의 '차트 종류'를 '묶은 세로 막대형'으로 선택하고, '보조 축'에 체크 표시를 한 후 〈확인〉을 클릭한다.

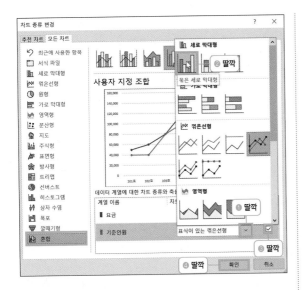

4 레이아웃 지정

차트를 선택한 후 [차트 디자인] → 차트 레이아웃 → 빠른
레이아웃 → **레이아웃 3**을 선택한다.

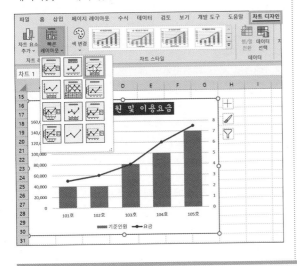

5 기본 단위 지정

1. 기본 세로(값) 축의 바로 가기 메뉴에서 [**축 서식**]을 선택
한다.
2. '축 서식' 창의 [축 옵션] → ▮▮(축 옵션) → **축 옵션**에서
'기본' 단위를 **40000**으로 지정한 후 '닫기(✖)'를 클릭한
다.

3. 동일한 방법으로 보조 세로(값) 축의 '기본' 단위를 **2**로
지정한다.

2024년 컴퓨터활용능력 2급 실기

프로그램명	제한시간	수험번호 :
EXCEL 2021	40분	성명 :

2급

〈 유 의 사 항 〉

- 인적 사항 누락 및 잘못 작성으로 인한 불이익은 수험자 책임으로 합니다.
- 화면에 암호 입력창이 나타나면 아래의 암호를 입력하여야 합니다.
  - ○ **암호 : 96&175**
- 작성된 답안은 주어진 경로 및 파일명을 변경하지 마시고 그대로 저장해야 합니다.
  이를 준수하지 않으면 실격 처리됩니다.
  - ○ **답안 파일명의 예 : C:\OA\수험번호8자리.xlsm**
- **외부 데이터 위치 : C:\OA\파일명**
- 별도의 지시사항이 없는 경우, 다음과 같이 처리 시 실격 처리됩니다.
  - ○ 제시된 시트 및 개체의 순서나 이름을 임의로 변경한 경우
  - ○ 제시된 시트 및 개체를 임의로 추가 또는 삭제한 경우
  - ○ 외부 데이터를 시험 시작 전에 열어본 경우
- 답안은 반드시 문제에서 지시 또는 요구한 셀에 입력하여야 하며, 다음과 같이 처리 시 채점 대상에서 제외
  됩니다.
  - ○ 제시된 함수가 있을 경우 제시된 함수만을 사용하여야 하며 그 외 함수 사용 시 채점 대상에서 제외
  - ○ 수험자가 임의로 지시하지 않은 셀의 이동, 수정, 삭제, 변경 등으로 인해 셀의 위치 및 내용이 변경된 경
    우 해당 작업에 영향을 미치는 관련문제 모두 채점 대상에서 제외
  - ○ 도형 및 차트의 개체가 중첩되어 있거나 동일한 계산결과 시트가 복수로 존재할 경우 해당 개체나 시트는
    채점 대상에서 제외
- 수식 작성 시 제시된 문제 파일의 데이터는 변경 가능한(가변적) 데이터임을 감안하여 문제 풀이를 하시오.
- 별도의 지시사항이 없는 경우, 주어진 각 시트 및 개체의 설정값 또는 기본 설정값(Default)으로 처리하시오.
- 저장 시간은 별도로 주어지지 않으므로 제한된 시간 내에 저장을 완료해야 하며, 제한 시간 내에 저장이 되
  지 않은 경우에는 실격 처리됩니다.
- 출제된 문제의 용어는 Microsoft Office 2021(LTSC 2108 버전) 기준으로 작성되어 있습니다.

대한상공회의소

기본작업(20점) 주어진 시트에서 다음 과정을 수행하고 저장하시오.

1. '기본작업-1' 시트에 다음의 자료를 주어진 대로 입력하시오. (5점)

	A	B	C	D	E	F
1	사원별 급여현황					
2						
3	사원코드	사원명	부서명	직위	호봉	수령액
4	MA-01	김동일	홍보부	과장	5	2,500,000
5	SA-01	임선희	영업부	과장	7	2,700,000
6	SA-02	김한식	영업부	대리	2	1,800,000
7	MA-02	고회진	홍보부	대리	4	2,000,000
8	SA-03	신봉순	영업부	사원	1	1,200,000
9	MA-03	지순녀	홍보부	사원	4	1,600,000

2. '기본작업-2' 시트에 대하여 다음의 지시사항을 처리하시오. (각 2점)

① [A1:F1] 영역은 '병합하고 가운데 맞춤', 글꼴 '궁서체', 크기 16, 글꼴 스타일 '굵게', 밑줄 '이중 실선'으로 지정하시오.
② [D4:D15] 영역은 '오른쪽 들여쓰기 1'을 지정하시오.
③ [F4:F15] 영역은 사용자 지정 표시 형식을 이용하여 1,000,000의 배수와 숫자 뒤에 "백만원"을 [표시 예]와 같이 표시하시오.
   [표시 예 : 123000000 → 123백만원]
④ [C4:C15] 영역은 표시 형식을 '통화'로, [F2] 셀은 표시 형식을 '간단한 날짜'로 지정하시오.
⑤ [A3:F15] 영역에 '모든 테두리'(⊞)를 적용하고, [A3:F3] 영역은 '아래쪽 이중 테두리(⊞)'를 적용하여 표시하시오.

3. '기본작업-3' 시트에서 다음의 지시사항을 처리하시오. (5점)

'아이스크림 재고 현황' 표에서 판매량이 매입량 미만이거나 판매비율이 90% 이상인 데이터 값을 고급 필터를 사용하여 검색하시오.

▶ 고급 필터 조건은 [A18:C21] 영역 내에 알맞게 입력하시오.
▶ 고급 필터 결과 복사 위치는 동일 시트의 [A23] 셀에서 시작하시오.

계산작업(40점) '계산작업' 시트에서 다음 과정을 수행하고 저장하시오.

1. [표1]에서 상품명[A3:A12]이 '세부A'인 상품의 위약금[E3:E12] 평균을 [E13] 셀에 계산하시오. (8점)

▶ DCOUNTA, DSUM 함수 사용

2. [표2]에서 생산일자[H3:H13]와 폐기코드[I3:I13]를 이용하여 사용년수[J3:J13]를 계산하시오. (8점)

▶ 사용년수 = (2000 + 폐기코드의 5, 6번째 문자) - 생산일자의 년도
▶ MID, YEAR 함수 사용

3. [표3]에서 휴가시작일[B17:B26]과 휴가기간[C17:C26]을 이용하여 출근일[D17:D26]을 계산하시오. (8점)

  ▶ 출근일 = 휴가시작일 + 휴기기간, 단 주말(토, 일요일)은 제외
     [표시 예 : 휴가시작이 '2023-04-03', 휴가기간이 6인 경우 '4/11'로 표시]
  ▶ MONTH, DAY, WORKDAY 함수와 & 연산자 사용

4. [표4]에서 시작시간[H17:H26]과 종료시간[I17:I26]을 이용하여 시험시간[J17:J26]을 계산하시오. (8점)

  ▶ 시험시간 = 종료시간 − 시작시간
  ▶ 과목코드의 마지막 글자가 "C"면 시험시간에 10분을 더하여 표시함
  ▶ IF, RIGHT, TIME 함수 사용

5. [표5]에서 배정번호[C30:C40]를 4로 나눈 나머지가 0이면 "1반", 1이면 "2반", 2이면 "3반", 3이면 "4반"을 반[D30:D40]에 표시하시오. (8점)

  ▶ CHOOSE, MOD 함수 사용

문제 3 **분석작업(20점)** 주어진 시트에서 다음 작업을 수행하고 저장하시오.

1. '분석작업-1' 시트에 대하여 다음의 지시사항을 처리하시오. (10점)

[시나리오 관리자] 기능을 이용하여 '거래처별 미수금 현황' 표에서 '타이어'의 제품단가[D10]가 다음과 같이 변동되는 경우 미수금[G10]의 변동 시나리오를 작성하시오.

  ▶ [D10] 셀의 이름은 '타이어단가', [G10] 셀의 이름은 '타이어미수금'으로 정의하시오.
  ▶ 시나리오1 : 시나리오 이름은 '제품단가인상', 제품단가는 75,000으로 설정하시오.
  ▶ 시나리오2 : 시나리오 이름은 '제품단가인하', 제품단가는 55,000으로 설정하시오.
  ▶ 시나리오 요약 시트는 '분석작업-1' 시트 바로 왼쪽에 위치해야함
  ※ 시나리오 요약 보고서 작성 시 정답과 일치하여야 하며, 오자로 인한 부분 점수는 인정하지 않음

2. '분석작업-2' 시트에 대하여 다음의 지시사항을 처리하시오. (10점)

[피벗 테이블] 기능을 이용하여 '통조림 가공 현황' 표의 가공일은 '필터', 가공팀은 '행', 가공품명을 '열'로 처리하고, '값'에 수량과 매출액의 평균을 계산하시오.
  ▶ 피벗 테이블 보고서는 동일 시트의 [A20] 셀에서 시작하시오.
  ▶ 'Σ' 기호를 '행' 영역으로 이동하시오.
  ▶ 피벗 테이블 보고서의 빈 셀은 '*' 기호로 표시하시오.
  ▶ 수량과 매출액 평균의 표시 형식은 '값 필드 설정'의 '셀 서식' 대화상자에서 '숫자' 범주와 '1000 단위 구분 기호 사용'을 이용하여 지정하시오.

기타작업(20점) 주어진 시트에서 다음 작업을 수행하고 저장하시오.

1. '매크로작업' 시트의 [표]에서 다음과 같은 기능을 수행하는 매크로를 현재 통합 문서에 작성하고 실행하시오. (각 5점)

① [F4:F12] 영역에 총계를 계산하는 매크로를 생성하여 실행하시오.
   ▶ 매크로 이름 : 총계
   ▶ SUM 함수 사용
   ▶ [개발 도구] → [컨트롤] → [삽입] → [양식 컨트롤]의 '단추(□)'를 동일 시트의 [B14:B16] 영역에 생성하고, 텍스트를 "총계"로 입력한 후 단추를 클릭할 때 '총계' 매크로가 실행되도록 설정하시오.
② [A3:F3] 영역에 글꼴 색 '표준 색 – 노랑', 채우기 색 '표준 색 – 빨강'을 지정하는 매크로를 생성하여 실행하시오.
   ▶ 매크로 이름 : 서식
   ▶ [삽입] → [일러스트레이션] → [도형] → [기본 도형]의 '하트(♡)'를 동일 시트의 [D14:D16] 영역에 생성하고, 텍스트를 "서식"으로 입력한 후 도형을 클릭할 때 '서식' 매크로가 실행되도록 설정하시오.
※ 셀 포인터의 위치에 상관없이 현재 통합 문서에서 매크로가 실행되어야 정답으로 인정됨

2. '차트작업' 시트의 차트를 지시사항에 따라 아래 〈그림〉과 같이 수정하시오. (각 2점)

※ 차트는 반드시 문제에서 제공한 차트를 사용하여야 하며, 신규로 작성 시 0점 처리됨
① '성명'이 '김서영'인 데이터가 차트에 표시되도록 데이터 범위를 추가하시오.
② 차트 제목은 '차트 위'로 지정한 후 [A1] 셀과 연동되도록 지정하시오.
③ '2과목' 계열에만 데이터 레이블 '값'을 표시하고, 레이블의 위치를 '바깥쪽 끝에'로 지정하시오.
④ 범례는 '아래쪽'에 배치하고, 도형 스타일을 '미세 효과 – 파랑, 강조 1'로 지정하시오.
⑤ 차트 영역에 '데이터 테이블'을 '범례 표지 없음'으로 지정하시오.

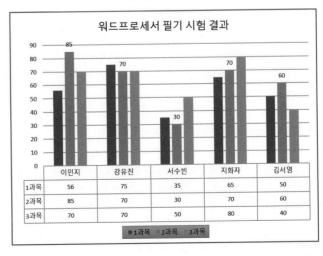

문제 1 기본작업   정답

02. 셀 서식

정답

	A	B	C	D	E	F
1	대리점별 전자제품 판매현황					
2					작성일 :	2023-10-16
3	대리점	제품코드	가격	수량	할인율	판매금액
4	동부	NIM001	₩350,000	368	10%	129백만원
5	동부	FRE105	₩500,000	251	13%	126백만원
6	동부	VOW114	₩400,000	437	11%	175백만원
7	서부	NIM001	₩350,000	244	10%	85백만원
8	서부	FRE105	₩500,000	358	13%	179백만원
9	서부	VOW114	₩400,000	366	11%	146백만원
10	남부	NIM001	₩350,000	438	10%	153백만원
11	남부	FRE105	₩500,000	254	13%	127백만원
12	남부	VOW114	₩400,000	264	11%	106백만원
13	북부	NIM001	₩350,000	351	10%	123백만원
14	북부	FRE105	₩500,000	233	13%	117백만원
15	북부	VOW114	₩400,000	349	11%	140백만원
16						

② '오른쪽 들여쓰기 1' 서식

1. [D4:D15] 영역을 블록으로 지정한 후 Ctrl + 1 을 누른다.
2. '셀 서식' 대화상자의 '맞춤' 탭에서 '텍스트 맞춤'을 그림과 같이 지정한 후 〈확인〉을 클릭한다.

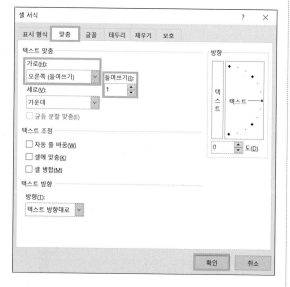

③ 사용자 지정 표시 형식

1. [F4:F15] 영역을 블록으로 지정한 후 Ctrl + 1 을 누른다.
2. 셀 서식 '대화상자'의 '표시 형식' 탭에서 범주와 형식을 그림과 같이 지정한 후 〈확인〉을 클릭한다.

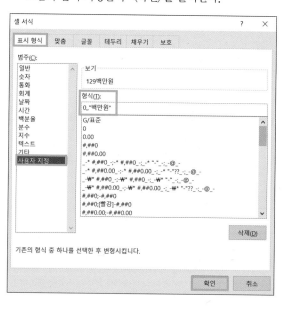

④ 표시 형식

1. [C4:C15] 영역을 블록으로 지정한 후 [홈] → 표시 형식 → 표시 형식의 ⋁ → 통화를 선택한다.

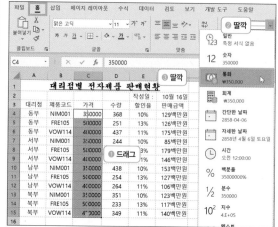

2. [F2] 셀을 클릭한 후 [홈] → 표시 형식 → 표시 형식의
▽ → **간단한 날짜**를 선택한다.

03. 고급 필터

	A	B	C	D	E	F	G
17							
18	차이량	판매비율					
19	FALSE						
20		>=90%					
21							
22							
23	상품명	판매가	전월재고량	매입량	판매량	재고량	판매비율
24	돼지랑	600	27	400	286	141	67%
25	메가탕	500	48	350	321	77	81%
26	보석맛바	600	63	300	242	121	67%
27	브라보바	1,000	55	320	340	35	91%
28	매롱나	600	29	400	322	107	75%
29	쓰리게더	500	45	380	389	36	92%
30							

1. [A18:B20] 영역에 그림과 같이 조건을 입력한다.

	A	B	C
17			
18	차이량	판매비율	
19	FALSE		
20		>=90%	
21			

[A19] : =E4〈D4

고급 필터의 조건에 수식이 사용되지 않을 때는 데이터 범위(A3:G3)의
필드명과 반드시 동일한 필드명을 사용하고, 조건에 수식이 사용될 때는
필드명을 입력하지 않거나 데이터 범위의 필드명과 다른 필드명(예 차이
량, 매입판매량 등)을 입력해야 합니다.

2. 데이터 영역(A3:G16)의 임의의 셀을 선택한 후 [데이
터] → 정렬 및 필터 → **고급**을 클릭한다.

3. '고급 필터' 대화상자에서 결과, 목록 범위, 조건 범위,
복사 위치를 그림과 같이 지정한 후 〈확인〉을 클릭한다.

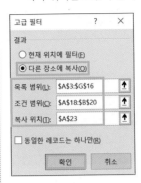

01. 세부A의 위약금 평균

정답

	A	B	C	D	E
1	[표1]	여행상품 해지 위약금			
2	상품명	상품금액	출발일	계약해지일	위약금
3	세부A	800,000	04월 05일	03월 20일	224,500
4	시드니A	1,200,000	04월 07일	03월 28일	359,200
5	세부A	2,000,000	04월 07일	04월 01일	625,100
6	하와이B	700,000	04월 12일	03월 25일	175,400
7	시드니A	2,200,000	04월 05일	03월 12일	556,900
8	세부A	1,300,000	04월 14일	04월 03일	394,500
9	하와이B	2,500,000	04월 12일	04월 02일	756,200
10	하와이B	2,300,000	04월 05일	03월 28일	575,300
11	세부A	2,100,000	04월 12일	04월 01일	636,000
12	시드니A	2,000,000	04월 12일	03월 22일	506,400
13	세부A의 위약금 평균				470,025

[E13] : =DSUM(A2:E12, 5, A2:A3) /
　　　　DCOUNTA(A2:E12, 1, A2:A3)

DCOUNTA(범위, 열 번호, 조건)는 '범위'에서 '조건'에 맞는 자료를 대상으로 지정된 '열 번호'에서 비어 있지 않는 셀의 개수를 구하는 함수이므로 1~5열 중 아무 열을 '열 번호'로 지정하면 됩니다

02. 사용년수

정답

	G	H	I	J
1	[표2]	제품 관리 현황		
2	제품코드	생산일자	폐기코드	사용년수
3	KEY350	2012-12-01	dis-19-7	7
4	KEY694	2013-05-04	dis-22-12	9
5	KEY804	2015-07-18	dis-21-4	6
6	MOU181	2014-11-30	dis-21-13	7
7	MOU295	2016-03-25	dis-19-5	3
8	MOU407	2017-10-07	dis-21-3	4
9	PRI366	2013-08-22	dis-20-10	7
10	PRI577	2014-09-13	dis-19-15	5
11	PRI681	2015-06-21	dis-20-1	5
12	SAN504	2012-03-02	dis-20-14	8
13	SAN522	2015-07-16	dis-22-8	7

[J3] : =(2000 + MID(I3, 5, 2)) − YEAR(H3)

03. 출근일

정답

	A	B	C	D
15	[표3]	4월 휴가자 현황		
16	사원명	휴가시작일	휴가기간	출근일
17	최첨단	2023-04-05	4	4/11
18	여인숙	2023-04-05	5	4/12
19	이인분	2023-04-07	5	4/14
20	김새다	2023-04-10	6	4/18
21	김영중	2023-04-10	4	4/14
22	노두환	2023-04-10	5	4/17
23	윤재선	2023-04-12	6	4/20
24	이천원	2023-04-12	6	4/20
25	최명품	2023-04-14	4	4/20
26	이광포	2023-04-14	5	4/21

[D17] : =MONTH(WORKDAY(B17, C17)) & "/" &
　　　　DAY(WORKDAY(B17, C17))

04. 시험시간

정답

	G	H	I	J
15	[표4]	과목별 시험시간		
16	과목코드	시작시간	종료시간	시험시간
17	EA-C	9:00	11:30	2:40
18	RS-A	13:00	14:30	1:30
19	TT-B	9:00	11:30	2:30
20	RS-A	13:00	14:30	1:30
21	RS-A	9:00	10:30	1:30
22	EA-C	9:00	11:30	2:40
23	RS-A	9:00	10:30	1:30
24	EA-C	13:00	15:30	2:40
25	EA-C	9:00	11:30	2:40
26	TT-B	13:00	15:30	2:30

[J17] : =IF(RIGHT(G17, 1)="C", I17−H17+TIME(, 10,),
　　　　I17−H17)

TIME(시, 분, 초) 함수는 '시', '분', '초'를 모두 입력해야 하므로 콤마(,)를 입력하여 구분해야 합니다.

05. 반

정답

	A	B	C	D
28	[표5]	1학년 반배정표		
29	성명	성별	배정번호	반
30	김은소	여	10000	1반
31	임채빈	남	10001	2반
32	한아름	여	10002	3반
33	유벼리	남	10003	4반
34	강한후	남	10004	1반
35	설진성	남	10005	2반
36	박호영	남	10006	3반
37	김새롬	여	10007	4반
38	권충수	남	10008	1반
39	임원이	여	10009	2반
40	이구름	여	10010	3반

[D30] : =CHOOSE(MOD(C30, 4) + 1, "1반", "2반", "3반", "4반")

궁금해요

시나공 Q&A 베스트

Q '+1'을 왜 하나요?

A CHOOSE(인수, 첫 번째, 두 번째, …, n번째) 함수는 '인수'로 0을 사용할 수 없습니다. 'MOD(C30, 4)'의 결과값이 0인 경우, CHOOSE 함수의 '인수'가 0이 되므로 '인수'에 1을 더해 준 것입니다.

배정번호	인수(MOD(C30,4)+1)	반(n번째)
10000	1	1반(1번째)
10001	2	2반(2번째)
10002	3	3반(3번째)
10003	4	4반(4번째)
10004	1	1반(1번째)
10005	2	2반(2번째)
10006	3	3반(3번째)
10007	4	4반(4번째)
10008	1	1반(1번째)
10009	2	2반(2번째)
10010	3	3반(3번째)

 문제 **3** 분석작업 정답

01. 시나리오

정답

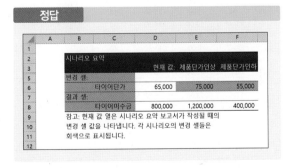

1. [D10] 셀을 클릭한 후 이름 상자에 **타이어단가**를 입력하고 Enter를 누른다.
2. 동일한 방법으로 [G10] 셀의 이름을 **타이어미수금**으로 정의한다.
3. [데이터] → 예측 → 가상 분석 → **시나리오 관리자**를 선택한다.
4. '시나리오 관리자' 대화상자에서 〈추가〉를 클릭한다.

5. '시나리오 추가' 대화상자에서 시나리오 이름에 **제품단가인상**, 변경 셀에 [D10] 셀을 지정한 후 〈확인〉을 클릭한다.

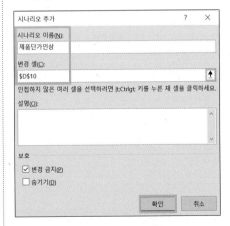

6. '시나리오 값' 대화상자의 변경될 값에 **75000**을 입력한 후 〈추가〉를 클릭한다.

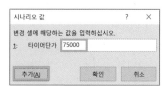

7. '시나리오 추가' 대화상자의 시나리오 이름에 **제품단가인하**, 변경 셀에 [D10] 셀을 지정한 후 〈확인〉을 클릭한다.

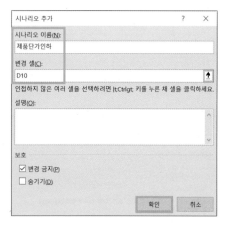

8. '시나리오 값' 대화상자의 변경될 값에 **55000**을 입력한 후 〈확인〉을 클릭한다.

9. '시나리오 관리자' 대화상자에서 〈요약〉을 클릭한다.
10. '시나리오 요약' 대화상자에서 보고서 종류는 '시나리오 요약', 결과 셀은 [G10] 셀로 지정한 후 〈확인〉을 클릭한다.

02. 피벗 테이블

정답

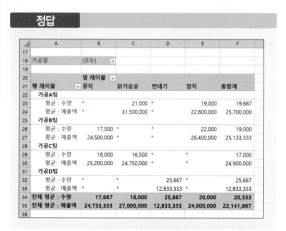

	A	B	C	D	E	F
17						
18	가공일	(모두)				
19						
20			열 레이블			
21	행 레이블	꽁치	닭가슴살	번데기	참치	총합계
22	가공A팀					
23	평균 : 수량	*	21,000	*	19,000	19,667
24	평균 : 매출액	*	31,500,000	*	22,800,000	25,700,000
25	가공B팀					
26	평균 : 수량	17,500	*	*	*	19,000
27	평균 : 매출액	24,500,000	*	*	26,400,000	25,133,333
28	가공C팀					
29	평균 : 수량	18,000	16,500	*	*	17,000
30	평균 : 매출액	25,200,000	24,750,000	*	*	24,900,000
31	가공D팀					
32	평균 : 수량	*	*	25,667	*	25,667
33	평균 : 매출액	*	*	12,833,333	*	12,833,333
34	전체 평균 : 수량	17,667	18,000	25,667	20,000	20,333
35	전체 평균 : 매출액	24,733,333	27,000,000	12,833,333	24,000,000	22,141,667
36						

1. 데이터 영역(A3:F15)의 임의의 셀을 선택한 후 [삽입] → 표 → 피벗 테이블(📊)을 클릭한다.
2. '피벗 테이블 만들기' 대화상자에서 피벗 테이블을 넣을 위치를 '기존 워크시트', [A20] 셀로 지정한 후 〈확인〉을 클릭한다.
3. '피벗 테이블 필드' 창에서 그림과 같이 각 필드를 지정한 후 '열' 영역에 자동으로 생긴 'Σ 값'을 '행' 영역으로 드래그하여 이동한다.

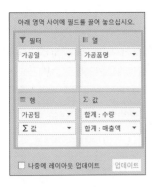

4. 작성된 피벗 테이블에서 '합계 : 수량(A23)'의 바로 가기 메뉴에서 [값 요약 기준] → **평균**을 선택한다.

5. 이어서 '합계 : 매출액(A24)'의 바로 가기 메뉴에서 [값 요약 기준] → **평균**을 선택한다.

6. 피벗 테이블의 임의의 셀을 클릭한 후 바로 가기 메뉴에서 [**피벗 테이블 옵션**]을 선택한다.

7. '피벗 테이블 옵션' 대화상자의 '레이아웃 및 서식' 탭에서 '빈 셀 표시'에 **＊**을 입력한 후 〈확인〉을 클릭한다.

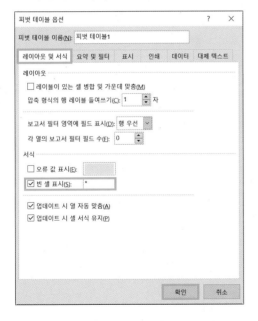

8. 피벗 테이블에서 '평균 : 수량(A23)'의 바로 가기 메뉴에서 [**값 필드 설정**]을 선택한다.

9. '값 필드 설정' 대화상자에서 〈표시 형식〉을 클릭한다.

10. '셀 서식' 대화상자에서 그림과 같이 지정한 후 〈확인〉을 클릭한다.

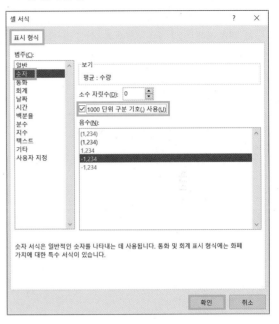

11. '값 필드 설정' 대화상자에서도 〈확인〉을 클릭한다.

12. 동일한 방법으로 매출액의 평균에도 '1000 단위 구분 기호'를 지정한다.

01. 매크로

정답

	A	B	C	D	E	F
1			인터넷 쇼핑몰 운영 현황			
2						
3	쇼핑몰	사이트운영비	광고비	인건비	배송비	총계
4	머쨍이	1,000,000	800,000	1,500,000	900,000	4,200,000
5	굿스타일	950,000	700,000	1,200,000	855,000	3,705,000
6	멋난다	1,100,000	800,000	1,450,000	990,000	4,340,000
7	난닝거	800,000	650,000	1,000,000	720,000	3,170,000
8	소녀모델	900,000	700,000	1,200,000	810,000	3,610,000
9	러브리본	1,000,000	800,000	1,400,000	900,000	4,100,000
10	고고씽씽	1,200,000	800,000	1,500,000	1,080,000	4,580,000
11	러블리	950,000	700,000	900,000	855,000	3,405,000
12	쿠쿠블랙	850,000	650,000	1,000,000	765,000	3,265,000
13						
14						
15		총계		서식		
16						
17						

❶ '총계' 매크로

1. [개발 도구] → 컨트롤 → 삽입 → 양식 컨트롤 → **단추** (□)를 선택한 후 [B14:B16] 영역에 맞게 드래그한다.
2. '매크로 지정' 대화상자의 매크로 이름에 **총계**를 입력한 후 〈기록〉을 클릭한다.
3. '매크로 기록' 대화상자에서 〈확인〉을 클릭한다.
4. [F4] 셀을 클릭하고 **=SUM(B4:E4)**를 입력한 후 Enter를 누른다.
5. [F4] 셀의 채우기 핸들을 [F12] 셀까지 드래그하여 수식을 복사한다.
6. 임의의 셀을 클릭한 후 [개발 도구] → 코드 → **기록 중지**를 클릭한다.
7. 단추의 바로 가기 메뉴에서 [**텍스트 편집**]을 선택한 후 입력된 내용을 **총계**로 수정한다.

❷ '서식' 매크로

1. [삽입] → 일러스트레이션 → 도형 → 기본 도형 → **하트** (♡)를 선택한 후 [D14:D16] 영역에 맞게 드래그한다.
2. 도형의 바로 가기 메뉴에서 [**매크로 지정**]을 선택한다.
3. '매크로 지정' 대화상자의 매크로 이름에 **서식**을 입력한 후 〈기록〉을 클릭한다.
4. '매크로 기록' 대화상자에서 〈확인〉을 클릭한다.
5. [A3:F3] 영역을 블록으로 지정한 후 [홈] → **글꼴**에서 글꼴 색(ガ ∨)을 '노랑', 채우기 색(◇ ∨)을 '빨강'으로 지정한다.

6. 임의의 셀을 클릭한 후 매크로 [개발 도구] → 코드 → **기록 중지**를 클릭한다.
7. 도형의 바로 가기 메뉴에서 [**텍스트 편집**]을 선택한 후 **서식**을 입력한다.

02. 차트

❶ 데이터 범위 추가

1. 차트의 바로 가기 메뉴에서 [**데이터 선택**]을 선택한다.
2. '데이터 원본 선택' 대화상자에서 Ctrl을 누른 채 [A15], [C15:E15] 영역을 범위로 지정한 후 〈확인〉을 클릭한다.

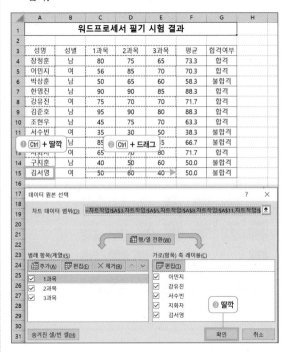

❷ 제목 연결

1. 차트를 선택한 후 [차트 디자인] → 차트 레이아웃 → 차트 요소 추가 → 차트 제목 → **차트 위**를 선택하여 차트 제목을 삽입한다.
2. 차트 제목이 선택된 상태에서 수식 입력줄을 클릭한 후 **=**을 입력하고 [A1] 셀을 클릭한 다음 Enter를 누른다.

❸ 데이터 레이블 추가

'2과목' 계열을 선택한 후 바로 가기 메뉴에서 [데이터 레이블 추가]를 선택한다.

세로 또는 가로 막대형 차트는 계열의 바로 가기 메뉴에서 [데이터 레이블 추가]를 선택하면 기본적으로 테이블 위치가 '바깥쪽 끝에'로 지정되고, 꺾은선형 차트는 '오른쪽'으로 지정됩니다.

❹ 범례 위치 및 서식 지정

1. 범례를 선택한 후 [차트 디자인] → 차트 레이아웃 → 차트 요소 추가 → 범례 → **아래쪽**을 선택한다.
2. 범례가 선택된 상태에서 [서식] → 도형 스타일의 ▽(자세히) → **미세 효과 – 파랑, 강조 1**을 선택한다.

↓

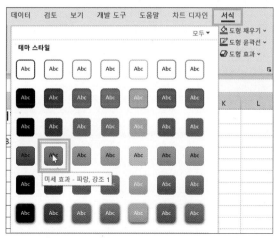

❺ 데이터 테이블 지정

차트를 선택한 후 [차트 디자인] → 차트 레이아웃 → 차트 요소 추가 → 데이터 테이블 → **범례 표지 없음**을 선택한다.

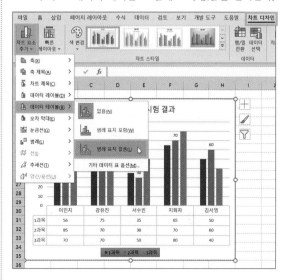

2024년 컴퓨터활용능력 2급 실기

프로그램명	제한시간	수험번호 :
EXCEL 2021	40분	성명 :

2급

〈 유 의 사 항 〉

- 인적 사항 누락 및 잘못 작성으로 인한 불이익은 수험자 책임으로 합니다.

- 화면에 암호 입력창이 나타나면 아래의 암호를 입력하여야 합니다.
  - 암호 : 7755!3

- 작성된 답안은 주어진 경로 및 파일명을 변경하지 마시고 그대로 저장해야 합니다.
  이를 준수하지 않으면 실격 처리됩니다.
  - 답안 파일명의 예 : C:\OA\수험번호8자리.xlsm

- **외부 데이터 위치 : C:\OA\파일명**

- 별도의 지시사항이 없는 경우, 다음과 같이 처리 시 실격 처리됩니다.
  - 제시된 시트 및 개체의 순서나 이름을 임의로 변경한 경우
  - 제시된 시트 및 개체를 임의로 추가 또는 삭제한 경우
  - 외부 데이터를 시험 시작 전에 열어본 경우

- 답안은 반드시 문제에서 지시 또는 요구한 셀에 입력하여야 하며, 다음과 같이 처리 시 채점 대상에서 제외됩니다.
  - 제시된 함수가 있을 경우 제시된 함수만을 사용하여야 하며 그 외 함수 사용 시 채점 대상에서 제외
  - 수험자가 임의로 지시하지 않은 셀의 이동, 수정, 삭제, 변경 등으로 인해 셀의 위치 및 내용이 변경된 경우 해당 작업에 영향을 미치는 관련문제 모두 채점 대상에서 제외
  - 도형 및 차트의 개체가 중첩되어 있거나 동일한 계산결과 시트가 복수로 존재할 경우 해당 개체나 시트는 채점 대상에서 제외

- 수식 작성 시 제시된 문제 파일의 데이터는 변경 가능한(가변적) 데이터임을 감안하여 문제 풀이를 하시오.

- 별도의 지시사항이 없는 경우, 주어진 각 시트 및 개체의 설정값 또는 기본 설정값(Default)으로 처리하시오.

- 저장 시간은 별도로 주어지지 않으므로 제한된 시간 내에 저장을 완료해야 하며, 제한 시간 내에 저장이 되지 않은 경우에는 실격 처리됩니다.

- 출제된 문제의 용어는 Microsoft Office 2021(LTSC 2108 버전) 기준으로 작성되어 있습니다.

대한상공회의소

1. '기본작업-1' 시트에 다음의 자료를 주어진 대로 입력하시오. (5점)

	A	B	C	D	E	F
1	학생별 성적 현황					
2						
3	학과코드	이름	중간	기말	과제	출석
4	MK-68544	윤희정	88	90	80	100
5	QW-34159	한애선	59	68	80	90
6	AS-83257	김요열	78	80	78	90
7	BD-28132	이민성	98	92	85	100
8	VT-48526	김순한	57	66	60	80
9	KU-71988	우연이	77	88	70	70
10	GH-12015	신승운	90	88	90	100
11						

2. '기본작업-2' 시트에 대하여 다음의 지시사항을 처리하시오. (각 2점)

① [A1:F1] 영역은 '병합하고 가운데 맞춤', 셀 스타일 '제목 2', 행의 높이를 24로 지정하시오.

② [A4:A7], [A8:A10], [A11:A13], [A14:A15] 영역은 '병합하고 가운데 맞춤'을 지정하고, [A3:F3], [A4:A16] 영역은 채우기 색을 '표준 색 – 연한 파랑'으로 지정하시오.

③ [C4:C15] 영역의 이름을 "계좌번호"로 정의하시오.

④ [D4:D15] 영역은 사용자 지정 표시 형식을 이용하여 값 뒤에 "년"을 [표시 예]와 같이 표시하시오. [표시 예 : 5 → 5년, 0 → 0년]

⑤ [A3:F16] 영역은 '모든 테두리(田)'를 적용하고, [B16:E16] 영역은 대각선(X) 모양을 적용하여 표시하시오.

3. '기본작업-3' 시트에서 다음의 지시사항을 처리하시오. (5점)

[A4:G18] 영역에서 성명의 성이 '이'씨인 행 전체에 대하여 글꼴 색을 '표준 색 – 녹색', 글꼴 스타일을 '굵은 기울임꼴'로 지정하는 조건부 서식을 작성하시오.

▶ LEFT 함수 사용

▶ 단, 규칙 유형은 '수식을 사용하여 서식을 지정할 셀 결정'을 사용하고, 한 개의 규칙으로만 작성하시오.

계산작업(40점) '계산작업' 시트에서 다음 과정을 수행하고 저장하시오.

1. [표1]에서 총량[C3:C11]을 하루에 일사용량[D3:D11]만큼 사용할 경우 사용할 수 있는 일수와 나머지를 일수(나머지)[E3:E11]에 계산하시오. (8점)
   ▶ 일수(몫)와 나머지 표시 방법 : 일수(몫)가 50이고, 나머지가 12 → 50(12)
   ▶ INT, MOD 함수와 & 연산자 사용

2. [표2]에서 경매일자[H3:H11]를 이용하여 판매요일[K3:K11]을 표시하시오. (8점)
   ▶ '월요일'과 같이 문자열 전체를 표시
   ▶ CHOOSE, WEEKDAY 함수 사용

3. [표3]에서 "대리"를 제외한 직원의 판매량[C15:C23] 중 판매량의 평균 이상인 판매총액 [D15:D23]의 합계를 [D24] 셀에 계산하시오. (8점)
   ▶ SUMIFS, AVERAGE 함수와 & 연산자 사용

4. [표4]에서 주민등록번호[H15:H24]를 이용하여 성별[G15:G24]을 표시하시오. (8점)
   ▶ 성별은 '주민등록번호'의 앞에서 여덟 번째 숫자가 1이나 3이면 "남자", 2나 4이 면 "여자"로 표시
   ▶ IF, MID, OR 함수 사용

5. [표5]에서 사원코드[B28:B37]의 4번째 문자가 "1"이면 "기획부", "2"이면 "홍보부", 그 외 에는 "영업부"를 부서명[E28:E37]에 표시하시오. (8점)
   ▶ IFS, MID 함수 사용

분석작업(20점) 주어진 시트에서 다음 작업을 수행하고 저장하시오.

1. '분석작업-1' 시트에 대하여 다음의 지시사항을 처리하시오. (10점)

   [목표값 찾기] 기능을 이용하여 '대리점별 판매 현황' 표에서 '부산'의 목표달성률 [E9]이 90%가 되려면 판매액[D9]은 얼마가 되어야 하는지 계산하시오.

2. '분석작업-2' 시트에 대하여 다음의 지시사항을 처리하시오. (10점)

   [부분합] 기능을 이용하여 '고객별 포인트 관리 현황' 표에 〈그림〉과 같이 등급별 '총구매금액'과 '구매횟수'의 합계를 계산한 후 '포인트합계'의 평균을 계산하시오.
   ▶ 정렬은 '등급'을 기준으로 오름차순으로 처리하시오.
   ▶ 부분합에 표 서식을 '연한 파랑, 표 스타일 밝게 2'로 적용하시오.
   ▶ 합계와 평균은 위에 명시된 순서대로 처리하시오.

	A	B	C	D	E	F	G	H
1	고객별 포인트 관리 현황							
2								
3	성명	성별	등급	총구매금액	구매횟수	구매포인트	빈도포인트	포인트합계
4	이현주	여	VIP	2,180,000	87	654	90	744
5	강지영	여	VIP	2,000,000	80	600	80	680
6			VIP 평균					712
7			VIP 요약	4,180,000	167			
8	김보람	여	골드	1,556,000	62	467	60	527
9	유승현	남	골드	1,520,000	61	456	60	516
10			골드 평균					521.5
11			골드 요약	3,076,000	123			
12	최철수	남	실버	1,350,000	54	405	50	455
13	한혜진	여	실버	1,152,000	46	346	50	396
14	김영수	남	실버	1,220,000	49	365	50	415
15			실버 평균					422
16			실버 요약	3,722,000	149			
17	박영자	여	일반	870,000	35	261	40	301
18	이준호	남	일반	650,000	26	195	30	225
19	장상현	남	일반	797,000	32	239	30	269
20	허윤지	여	일반	880,000	35	264	40	304
21	전진우	남	일반	999,000	40	300	40	340
22	김우진	남	일반	478,000	19	143	20	163
23	유아름	여	일반	550,000	22	165	20	185
24	이지연	여	일반	768,000	31	230	30	260
25			일반 평균					255.875
26			일반 요약	5,992,000	240			
27			전체 평균					385.3333333
28			총합계	16,970,000	679			
29								

기타작업(20점) 주어진 시트에서 다음 작업을 수행하고 저장하시오.

1. '매크로작업' 시트의 [표]에서 다음과 같은 기능을 수행하는 매크로를 현재 통합 문서에 작성하고 실행하시오. (각 5점)

① [B14:E14] 영역에 각 분기별 합계를 계산하는 매크로를 생성하여 실행하시오.
  ▶ 매크로 이름 : 합계
  ▶ SUM 함수 사용
  ▶ [개발 도구] → [컨트롤] → [삽입] → [양식 컨트롤]의 '단추(□)'를 동일 시트의 [G3:G4] 영역에 생성하고, 텍스트를 "합계"로 입력한 후 단추를 클릭할 때 '합계' 매크로가 실행되도록 설정하시오.

② [B4:E14] 영역에 '쉼표 스타일(,)'을 지정하는 매크로를 생성하여 실행하시오.
  ▶ 매크로 이름 : 쉼표
  ▶ [삽입] → [일러스트레이션] → [도형] → [사각형]의 '사각형: 둥근 모서리 (□)'를 동일 시트의 [G6:G7] 영역에 생성하고, 텍스트를 "쉼표"로 입력한 후 도형을 클릭할 때 '쉼표' 매크로가 실행되도록 설정하시오.

※ 셀 포인터의 위치에 상관없이 현재 통합 문서에서 매크로가 실행되어야 정답으로 인정됨

2. '차트작업' 시트의 차트를 지시사항에 따라 아래 〈그림〉과 같이 수정하시오. (각 2점)

   ※ 차트는 반드시 문제에서 제공한 차트를 사용하여야 하며, 신규로 작성 시 0점 처리됨

   ① '수출액' 계열의 차트 종류를 '표식이 있는 꺾은선형'으로 변경하고, '보조 축'으로 지정하시오.

   ② 차트 영역은 차트 스타일을 '스타일 4'로 지정하고, 차트 스타일의 '색 변경'을 '다양한 색상표 4'로 지정하시오.

   ③ 차트 제목은 '차트 위'로 추가하여 〈그림〉과 같이 입력하고, 크기 18, 글꼴 색 '표준 색 – 노랑', 채우기 색 '표준 색 – 빨강'으로 지정하시오.

   ④ '수출액' 계열은 선 너비 4pt, 선 색 '녹색', 표식 '사각형(■)', 크기 10, 선 스타일 '완만한 선'으로 지정하시오.

   ⑤ 그림 영역의 도형 스타일을 '미세 효과 – 황금색, 강조 4'로 지정하고, 차트 영역은 패턴 채우기를 전경색의 '테마 색 – 주황, 강조 2'로 지정하시오.

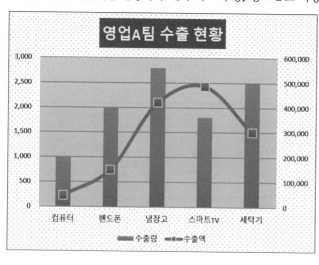

문제 1 기본작업 정답

02. 셀 서식

정답

	A	B	C	D	E	F
1			고객별 예금정보 현황			
2						
3	예금종류	고객코드	계좌번호	개설년수	개설지점	예금잔액
4		kji-25	7602-62-175	2년	안산B	1,500,000
5	보통예금	cmk-35	7688-37-856	3년	수원A	3,500,000
6		lsh-47	7618-64-869	5년	용인B	4,000,000
7		ghs-23	7699-22-448	3년	성남B	3,000,000
8		kys-85	7618-25-111	2년	시흥A	2,000,000
9	저축예금	hjj-77	7602-15-499	2년	화성A	2,400,000
10		kms-54	7632-47-771	3년	성남A	1,200,000
11		lgy-19	7685-67-985	1년	안산A	600,000
12	정기예금	msh-65	7624-52-798	2년	용인A	850,000
13		kes-22	7604-68-951	1년	수원B	4,500,000
14	청약예금	jue-33	7617-86-426	4년	화성B	5,600,000
15		bop-18	7624-86-753	5년	시흥B	6,000,000
16	합계					35,150,000
17						

④ 사용자 지정 표시 형식

1. [D4:D15] 영역을 블록으로 지정한 후 Ctrl+1을 누른다.
2. '셀 서식' 대화상자의 '표시 형식' 탭에서 범주와 형식을 그림과 같이 지정한 후 〈확인〉을 클릭한다.

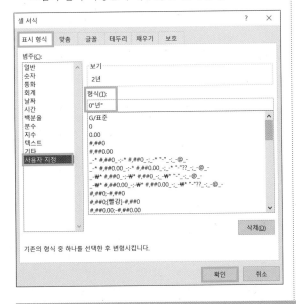

03. 조건부 서식

정답

	A	B	C	D	E	F	G
1			1학년 중간고사 성적표				
2							
3	반	성명	성별	국어	영어	수학	평균
4	1	강현준	남	86	89	90	88.3
5	2	김영희	여	92	91	92	91.7
6	3	한민재	남	75	78	80	77.7
7	1	윤정희	여	90	93	91	91.3
8	1	이명준	남	95	93	92	93.3
9	1	신영순	여	72	78	80	76.7
10	2	박정숙	여	85	86	79	83.3
11	2	김지후	남	93	93	95	93.7
12	3	이현정	여	91	94	96	93.7
13	3	이지훈	남	75	76	75	75.3
14	2	최미경	여	82	80	86	82.7
15	3	이선영	여	88	82	81	83.7
16	1	강동현	남	79	78	82	79.7
17	2	한숙자	여	91	90	93	91.3
18	3	장건우	남	76	81	78	78.3

1. [A4:G18] 영역을 블록으로 지정한 후 [홈] → 스타일 → 조건부 서식 → **새 규칙**을 클릭한다.
2. '새 서식 규칙' 대화상자에서 규칙 유형과 조건을 그림과 같이 지정한 후 〈서식〉을 클릭한다.

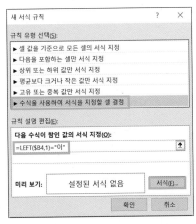

3. '셀 서식' 대화상자의 '글꼴' 탭에서 글꼴 색 '녹색', 글꼴 스타일 '굵은 기울임꼴'을 지정한 후 〈확인〉을 클릭한다.
4. '새 서식 규칙' 대화상자에서도 〈확인〉을 클릭한다.

01. 일수(나머지)

정답

	A	B	C	D	E
1	[표1]	원료 사용계획표			
2	원료코드	생산코드	총량	일사용량	일수(나머지)
3	CNS-02	25AI001	2,000	55	36(20)
4	DJF-32	25AI002	1,500	67	22(26)
5	FOA-49	25AI003	1,800	48	37(24)
6	KVL-15	25AI004	1,650	68	24(18)
7	CMK-82	25AI005	950	23	41(7)
8	KES-23	25AI006	1,200	62	19(22)
9	AYS-09	25AI007	1,450	49	29(29)
10	JAL-47	25AI008	1,500	37	40(20)
11	EXR-66	25AI009	1,600	41	39(1)

[E3] : =INT(C3/D3) & "(" & MOD(C3, D3) & ")"

02. 판매요일

정답

	G	H	I	J	K
1	[표2]	수산물 경매가			
2	품목	경매일자	수량	경매가	판매요일
3	오징어	2023-04-04	1,000	1,500,000	화요일
4	꽃게	2023-04-07	1,500	2,700,000	금요일
5	고등어	2023-04-07	2,000	3,200,000	금요일
6	광어	2023-04-09	800	6,400,000	일요일
7	우럭	2023-04-10	900	6,300,000	월요일
8	갈치	2023-04-11	1,100	6,600,000	화요일
9	문어	2023-04-15	500	5,750,000	토요일
10	낙지	2023-04-15	600	4,500,000	토요일
11	참돔	2023-04-16	800	9,200,000	일요일

[K3] : =CHOOSE(WEEKDAY(H3), "일요일", "월요일", "화요일", "수요일", "목요일", "금요일", "토요일")

03. 조건을 만족하는 판매총액 합계

정답

	A	B	C	D
12				
13	[표3]	제품 판매 현황		
14	사원코드	직위	판매량	판매총액
15	SAL01-39	과장	125	262,500
16	SAL01-52	과장	163	342,300
17	SAL01-16	대리	121	254,100
18	SAL02-08	대리	113	237,300
19	SAL02-97	대리	148	310,800
20	SAL01-20	사원	105	220,500
21	SAL01-78	사원	153	321,300
22	SAL02-56	사원	122	256,200
23	SAL02-14	사원	139	291,900
24	조건을 만족하는 판매총액 합계			955,500

[D24] : =SUMIFS(D15:D23, B15:B23, "〈〉대리", C15:C23, "〉="&AVERAGE(C15:C23))

❶ "대리"의 판매량[C17:C19]을 제외한 직원의 판매량은 [C15:C16], [C20:C23] 영역입니다.
❷ 판매량[C15:C23]의 평균은 132입니다.
❸ [C15:C16], [C20:C23] 영역에서 132 이상은 [C16], [C21], [C23] 영역입니다.
❹ 동일한 행의 판매총액은 [D16], [D21], [D23] 영역입니다.
∴ 342,300 + 321,300 + 291,900 = 955,500

	A	B	C	D
12				
13	[표3]	제품 판매 현황		
14	사원코드	직위	판매량	판매총액
15	SAL01-39	과장	125	262,500
16	SAL01-52	과장	163	342,300
17	SAL01-16	대리	121	254,100
18	SAL02-08	대리	113	237,300
19	SAL02-97	대리	148	310,800
20	SAL01-20	사원	105	220,500
21	SAL01-78	사원	153	321,300
22	SAL02-56	사원	122	256,200
23	SAL02-14	사원	139	291,900
24	조건을 만족하는 판매총액 합계			955,500

04. 성별

정답

	F	G	H	I	J
13	[표4]	입원환자 인적사항			
14	성명	성별	주민등록번호	키	몸무게
15	이인호	남자	800622-123****	179	80
16	나윤지	여자	821201-228****	157	51
17	김제운	남자	770414-159****	172	75
18	박문도	남자	011001-335****	145	37
19	한새별	여자	760302-246****	163	48
20	윤성혁	남자	020531-379****	141	35
21	장준한	남자	901102-175****	183	72
22	김영숙	여자	030823-404****	125	33
23	성기운	남자	810101-154****	181	75
24	최미순	여자	920909-296****	165	54

[G15] : =IF(OR(MID(H15, 8, 1)="1", MID(H15, 8, 1)="3"), "남자", "여자")

궁금해요

시나공 Q&A 베스트

Q 'MID(H15, 8, 1)="1"'에서 1은 숫자인데 왜 큰따옴표로 묶나요?

A 텍스트 함수(LEFT, RIGHT, MID 등)를 이용하여 추출된 값 1, 2, 3, 4는 숫자 데이터가 아니라 문자 데이터 "1", "2", "3", "4"이므로 이 문자 데이터와 비교하기 위해서는 숫자 데이터를 큰따옴표로 묶어야 합니다.

05. 부서명

정답

	A	B	C	D	E
26	[표5]	신입사원 채용결과			
27	사원명	사원코드	성별	나이	부서명
28	고소용	sg-2-509	여	25	홍보부
29	노인권	sg-1-411	남	29	기획부
30	안보라	sg-3-694	여	26	영업부
31	강성희	sg-2-577	여	24	홍보부
32	김지안	sg-4-932	여	25	영업부
33	이부성	sg-5-220	남	28	영업부
34	최성환	sg-2-458	남	27	홍보부
35	서기운	sg-4-763	남	28	영업부
36	김양미	sg-3-692	여	26	영업부
37	정지선	sg-1-546	여	27	기획부

[E28] : =IFS(MID(B28, 4, 1)="1", "기획부", MID(B28, 4, 1)="2", "홍보부", TRUE, "영업부")

 문제 3   분석작업   정답

01. 목표값 찾기

정답

	A	B	C	D	E
1			대리점별 판매 현황		
2					
3	대리점	담당자	목표액	판매액	목표달성률
4	서울	이미영	12,000,000	10,500,000	88%
5	경기	김정훈	15,000,000	13,240,000	88%
6	인천	최은정	10,000,000	8,800,000	88%
7	대전	한성호	12,000,000	10,420,000	87%
8	천안	최은주	15,000,000	11,250,000	75%
9	부산	남성훈	12,000,000	10,800,000	90%
10	광주	장서연	14,000,000	12,700,000	91%
11	원주	이민준	13,000,000	10,540,000	81%
12	목포	김민서	15,000,000	12,800,000	85%
13	울산	이지훈	12,000,000	11,500,000	96%
14					

1. [데이터] → 예측 → 가상 분석 → **목표값 찾기**를 선택한다.
2. '목표값 찾기' 대화상자에서 수식 셀, 찾는 값, 값을 바꿀 셀을 그림과 같이 지정한 후 〈확인〉을 클릭한다.

3. '목표값 찾기 상태' 대화상자에서 〈확인〉을 클릭한다.

02. 부분합

1. 데이터 영역(A3:H18)의 임의의 셀을 선택한 후 [데이터] → 정렬 및 필터 → **정렬**을 클릭한다.
2. '정렬' 대화상자에서 그림과 같이 지정한 후 〈확인〉을 클릭한다.

3. 데이터 영역(A3:H18) 안에 셀 포인터가 놓여 있는 상태에서 등급별 '총구매금액'과 '구매횟수'의 합계를 계산하기 위해 [데이터] → 개요 → **부분합**을 클릭한다.
4. '부분합' 대화상자에서 그룹화할 항목, 사용할 함수, 부분합 계산 항목을 그림과 같이 지정한 후 〈확인〉을 클릭한다.

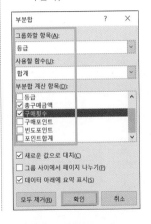

5. 등급별 '포인트합계'의 평균을 계산하기 위해 [데이터] → 개요 → **부분합**을 클릭한다.

6. '부분합' 대화상자에서 그룹화할 항목, 사용할 함수, 부분합 계산 항목을 그림과 같이 지정하고, '새로운 값으로 대치'의 체크 표시를 해제한 후 〈확인〉을 클릭한다.

7. [홈] → 스타일 → 표 서식 → 밝게 → **연한 파랑, 표 스타일 밝게 2**를 선택한다.

8. '표 서식' 대화상자에서 표에 사용할 데이터를 [A3: H28] 영역으로 지정하고 '머리글 포함'에 체크 표시를 한 후 〈확인〉을 클릭한다.

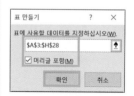

'표 서식' 대화상자에 데이터 범위를 지정하면 '표 서식' 대화상자가 '표 만들기'로 변경됩니다.

 문제 4 기타작업 〈정답〉

01. 매크로

정답

	A	B	C	D	E	F	G
1	추리소설 판매 현황						
2							
3	도서명	1분기	2분기	3분기	4분기		합계
4	왕과왕비	1,524	1,692	1,774	1,663		
5	블랙박스	1,035	1,149	1,165	1,116		
6	신몽타주	1,122	1,245	1,274	1,214		
7	육하원칙	1,359	1,508	1,569	1,479		쉼표
8	겨울밤의살인사건	1,245	1,382	1,427	1,351		
9	커피여자	1,782	1,978	2,095	1,952		
10	소년탐정김준일	1,269	1,409	1,457	1,378		
11	사이코패스	2,047	2,272	2,425	2,248		
12	예술탐정	1,863	2,068	2,196	2,042		
13	살인의계절	1,351	1,500	1,559	1,470		
14	합계	14,597	16,203	16,941	15,913		
15							

① '합계' 매크로

1. [개발 도구] → 컨트롤 → 삽입 → 양식 컨트롤 → **단추 (□)**를 선택한 후 [G3:G4] 영역에 맞게 드래그한다.

2. '매크로 지정' 대화상자의 매크로 이름에 **합계**를 입력한 후 〈기록〉을 클릭한다.

3. '매크로 기록' 대화상자에서 〈확인〉을 클릭한다.

4. [B14] 셀을 클릭하고 **=SUM(B4:B13)**을 입력한 후 [Enter]를 누른다.

5. [B14] 셀의 채우기 핸들을 [E14] 셀까지 드래그하여 수식을 복사한다.

6. 임의의 셀을 클릭한 후 [개발 도구] → 코드 → **기록 중지**를 클릭한다.

7. 단추의 바로 가기 메뉴에서 **[텍스트 편집]**을 선택한 후 입력된 내용을 **합계**로 수정한다.

② '쉼표' 매크로

1. [삽입] → 일러스트레이션 → 도형 → 사각형 → **사각형: 둥근 모서리(□)**를 선택한 후 [G6:G7] 영역에 맞게 드래그한다.

2. 도형의 바로 가기 메뉴에서 **[매크로 지정]**을 선택한다.

3. '매크로 지정' 대화상자의 매크로 이름에 **쉼표**를 입력한 후 〈기록〉을 클릭한다.

4. '매크로 기록' 대화상자에서 〈확인〉을 클릭한다.

5. [B4:E14] 영역을 블록으로 지정한 후 [홈] → 표시 형식 → **⚹(쉼표 스타일)**을 클릭한다.

6. 임의의 셀을 클릭한 후 [개발 도구] → 코드 → **기록 중지**를 클릭한다.

7. 도형의 바로 가기 메뉴에서 **[텍스트 편집]**을 선택한 후 **쉼표**를 입력한다.

02. 차트

① 차트 종류 변경 및 보조 축 지정

1. '수출액' 계열의 바로 가기 메뉴에서 [계열 차트 종류 변경]을 선택한다.
2. '차트 종류 변경' 대화상자의 '혼합' 탭에서 '수출액' 계열의 '차트 종류'를 '표식이 있는 꺾은선형'으로 선택하고, '보조 축'에 체크 표시를 한 후 〈확인〉을 클릭한다.

② 차트 스타일 지정 및 색 변경

1. 차트를 선택한 후 [차트 디자인] → 차트 스타일 → 스타일 4를 클릭한다.

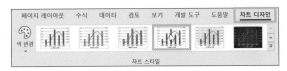

2. 차트가 선택된 상태에서 [차트 디자인] → 차트 스타일 → 색 변경 → 다양한 색상표 4를 선택한다.

④ '수출액' 계열 서식

1. '수출액' 계열의 바로 가기 메뉴에서 [데이터 계열 서식]을 선택한다.
2. '데이터 계열 서식' 창에서 [계열 옵션] → (채우기 및 선) → 선 → 선에서 색을 '녹색', 너비를 4 pt로 지정하고, '완만한 선'을 선택한다.

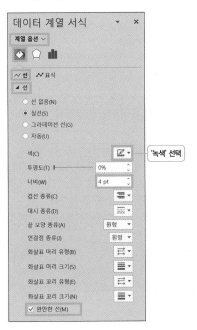

3. 이어서 [계열 옵션] → (채우기 및 선) → 표식에서 '표식 옵션'의 '기본 제공'을 선택하고 형식 '■', 크기 10을 지정한 후 '닫기(✖)'를 클릭한다.

⑤ 그림 영역 및 차트 영역 서식 지정

1. 그림 영역을 선택한 후 [서식] → 도형 스타일의 ▾ → 미세 효과 – 황금색, 강조 4를 선택한다.
2. 차트 영역의 바로 가기 메뉴에서 [차트 영역 서식]을 선택한다.
3. '차트 영역 서식' 창의 [차트 옵션] → (채우기 및 선) → 채우기에서 패턴 채우기를 선택하고 전경색에서 '테마 색 – 주황, 강조 2'를 선택한 후 '닫기(✖)'를 클릭한다.

2024년 컴퓨터활용능력 2급 실기

프로그램명	제한시간	수험번호 :
EXCEL 2021	40분	성명 :

2급

〈 유 의 사 항 〉

- 인적 사항 누락 및 잘못 작성으로 인한 불이익은 수험자 책임으로 합니다.
- 화면에 암호 입력창이 나타나면 아래의 암호를 입력하여야 합니다.
  - 암호 : 30@268
- 작성된 답안은 주어진 경로 및 파일명을 변경하지 마시고 그대로 저장해야 합니다.
  이를 준수하지 않으면 실격 처리됩니다.
  - 답안 파일명의 예 : C:\OA\수험번호8자리.xlsm
- **외부 데이터 위치 : C:\OA\파일명**
- 별도의 지시사항이 없는 경우, 다음과 같이 처리 시 실격 처리됩니다.
  - 제시된 시트 및 개체의 순서나 이름을 임의로 변경한 경우
  - 제시된 시트 및 개체를 임의로 추가 또는 삭제한 경우
  - 외부 데이터를 시험 시작 전에 열어본 경우
- 답안은 반드시 문제에서 지시 또는 요구한 셀에 입력하여야 하며, 다음과 같이 처리 시 채점 대상에서 제외됩니다.
  - 제시된 함수가 있을 경우 제시된 함수만을 사용하여야 하며 그 외 함수 사용 시 채점 대상에서 제외
  - 수험자가 임의로 지시하지 않은 셀의 이동, 수정, 삭제, 변경 등으로 인해 셀의 위치 및 내용이 변경된 경우 해당 작업에 영향을 미치는 관련문제 모두 채점 대상에서 제외
  - 도형 및 차트의 개체가 중첩되어 있거나 동일한 계산결과 시트가 복수로 존재할 경우 해당 개체나 시트는 채점 대상에서 제외
- 수식 작성 시 제시된 문제 파일의 데이터는 변경 가능한(가변적) 데이터임을 감안하여 문제 풀이를 하시오.
- 별도의 지시사항이 없는 경우, 주어진 각 시트 및 개체의 설정값 또는 기본 설정값(Default)으로 처리하시오.
- 저장 시간은 별도로 주어지지 않으므로 제한된 시간 내에 저장을 완료해야 하며, 제한 시간 내에 저장이 되지 않은 경우에는 실격 처리됩니다.
- 출제된 문제의 용어는 Microsoft Office 2021(LTSC 2108 버전) 기준으로 작성되어 있습니다.

대한상공회의소

기본작업(20점) 주어진 시트에서 다음 과정을 수행하고 저장하시오.

1. '기본작업-1' 시트에 다음의 자료를 주어진 대로 입력하시오. (5점)

	A	B	C	D	E	F
1	자격증 시험 결과					
2						
3	수험번호	이름	지역	필기점수	실기점수	합격여부
4	Seo-1034	한승진	서울	88	90	합격
5	Seo-3652	김소라	서울	92	80	합격
6	Seo-1829	윤우민	서울	54	62	불합격
7	Kdo-2348	임소영	경기	67	85	합격
8	Kdo-1207	유영아	경기	43	25	불합격
9	Wal-2986	안경원	인천	92	83	합격
10	Wal-1654	구여운	인천	97	91	합격
11						

2. '기본작업-2' 시트에 대하여 다음의 지시사항을 처리하시오. (각 2점)

① [A1:G1] 영역은 '선택 영역의 가운데로', 글꼴 '바탕체', 크기 20, 글꼴 스타일 '굵게', 밑줄 '실선'으로 지정하시오.

② [A4:A6], [A7:A9], [A10:A12], [A13:A15] 영역은 '병합하고 가운데 맞춤'을 지정하고, [A3:G3] 영역은 셀 스타일 '파랑, 강조색5'를 적용하시오.

③ [C4:C15], [F4:F15] 영역은 '회계 표시 형식(₩)', [D4:E15] 영역은 '쉼표 스타일 (,)', [G4:G15] 영역은 '백분율(%) 스타일'을 지정하시오.

④ [B4:B15] 영역은 사용자 지정 표시 형식을 이용하여 문자 뒤에 "팀"을 [표시 예]와 같이 표시하시오. [표시 예 : 영업1 → 영업1팀]

⑤ [A3:G15] 영역은 '모든 테두리(⊞)'를 적용하여 표시하시오.

3. '기본작업-3' 시트에서 다음의 지시사항을 처리하시오. (5점)

'상공실업 급여지급 명세서' 표에서 직위가 '부장'이거나 수령액이 3,500,000 이하인 데이터를 고급 필터를 사용하여 검색하시오.

▶ 고급 필터 조건은 [A17:C19] 영역 내에 알맞게 입력하시오.

▶ 고급 필터 결과 복사 위치는 동일 시트 [A22] 셀에서 시작하시오.

계산작업(40점) '계산작업' 시트에서 다음 과정을 수행하고 저장하시오.

1. [표1]에서 입실시간[C3:C11]과 퇴실시간[D3:D11]을 이용하여 이용요금[E3:E11]을 계산하시오. (8점)
   ▶ 이용요금은 10분당 1000원임
   ▶ HOUR, MINUTE 함수 사용

2. [표2]에서 성별[H3:H11]이 "남"인 선수의 최고 기록[I3:I11]과 성별이 "여"인 선수의 최고 기록의 평균을 [K7] 셀에 계산하시오. (8점)
   ▶ 조건은 [K3:L4] 영역에 입력하시오.
   ▶ 기록 평균은 소수점 이하 둘째 자리에서 올림하여 첫째 자리까지 표시
   [표시 예 : 2.34 → 2.4]
   ▶ ROUNDUP, AVERAGE, DMAX 함수 사용

3. [표3]에서 학생들의 평균[D15:D25]이 '평균'의 중간값 이하면 "관심", 그 외에는 공백을 비고[E15:E25]에 표시하시오. (8점)
   ▶ IF, MEDIAN 함수 사용

4. [표4]에서 총판매량[K15:K24]이 가장 많은 사원명[G15:G24]을 찾아 [K25] 셀에 표시하시오. (8점)
   ▶ INDEX, MATCH, MAX 함수 사용

5. [표5]에서 아이디[A29:A38]의 앞뒤 공백을 제거한 후 전체 문자를 대문자로 변환하고, 변환 문자 앞에 거주지역[E29:E38]을 표시하는 닉네임[F29:F38]을 표시하시오. (8점)
   ▶ 아이디가 " zeus ", 거주지역이 "서울"인 경우 "서울ZEUS"로 표시
   ▶ TRIM, UPPER 함수와 & 연산자 사용

분석작업(20점) 주어진 시트에서 다음 작업을 수행하고 저장하시오.

1. '분석작업-1' 시트에 대하여 다음의 지시사항을 처리하시오. (10점)
   '운동화 판매 현황' 표는 생산량[C5]과 판매량[C6]을 이용하여 판매율(C8)을 계산한 것이다. [데이터 표] 기능을 이용하여 판매량의 변동에 따른 판매율의 변화를 [F6:F10] 영역에 계산하시오.

2. '분석작업-2' 시트에 대하여 다음의 지시사항을 처리하시오. (10점)
   데이터 도구 [통합] 기능을 이용하여 [표1]에 대한 사무용품별 '신청량'의 평균을 [표2]의 [H4:H6] 영역에 계산하시오.
   ▶ 평균을 구할 사무용품은 'A4용지', '볼펜', '포스트잇'이다.

기타작업(20점) 주어진 시트에서 다음 작업을 수행하고 저장하시오.

1. '매크로작업' 시트의 [표]에서 다음과 같은 기능을 수행하는 매크로를 현재 통합 문서에 작성하고 실행하시오. (각 5점)

① [G4:G12] 영역에 결제요금을 계산하는 매크로를 생성하여 실행하시오.
- ▶ 매크로 이름 : 결제요금
- ▶ 결제요금 = 사용시간 × (사용요금 − 할인요금)
- ▶ [개발 도구] → [컨트롤] → [삽입] → [양식 컨트롤]의 '단추(□)'를 동일 시트의 [B14:C15] 영역에 생성하고, 텍스트를 "결제요금"으로 입력한 후 단추를 클릭할 때 '결제요금' 매크로가 실행되도록 설정하시오.

② [A3:G3] 영역에 글꼴 색 '표준 색 − 노랑', 채우기 색 '표준 색 − 빨강'을 지정하는 매크로를 생성하여 실행하시오.
- ▶ 매크로 이름 : 서식
- ▶ [삽입] → [일러스트레이션] → [도형] → [사각형]의 '직사각형(□)'을 동일 시트의 [E14:E15] 영역에 생성하고, 텍스트를 "서식"으로 입력한 후 도형을 클릭할 때 '서식' 매크로가 실행되도록 설정하시오.

※ 셀 포인터의 위치에 상관없이 현재 통합 문서에서 매크로가 실행되어야 정답으로 인정됨

2. '차트작업' 시트의 차트를 지시사항에 따라 아래 〈그림〉과 같이 수정하시오. (각 2점)

※ 차트는 반드시 문제에서 제공한 차트를 사용하여야 하며, 신규로 작성 시 0점 처리됨

① '나이' 계열을 삭제하고, 가로(항목) 축을 〈그림〉과 같이 지정하시오.
② 차트 종류를 '묶은 세로 막대형'으로 변경하시오.
③ 전체 계열의 '계열 겹치기'를 50%, '간격 너비'를 100%로 지정하시오.
④ 차트에 '기본 주 세로' 눈금선을 표시하고, '출석할일수' 계열에 '지수' 추세선을 지정하시오.
⑤ 차트 영역의 테두리 스타일을 '너비' 3pt의 '둥근 모서리'로 지정하시오.

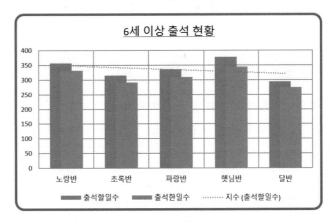

문제 1 기본작업 정답

02. 셀 서식

정답

	A	B	C	D	E	F	G
1			부서별 제품 판매 현황				
2							
3	제품명	부서명	판매가	목표량	판매량	총판매액	달성률
4	홍삼액	영업1팀	₩ 50,000	1,800	1,486	₩ 74,300,000	83%
5		영업2팀	₩ 50,000	1,600	1,571	₩ 78,550,000	98%
6		영업3팀	₩ 50,000	1,600	1,862	₩ 93,100,000	116%
7	종합영양제	영업1팀	₩ 35,000	1,800	2,042	₩ 71,470,000	113%
8		영업2팀	₩ 35,000	1,800	1,258	₩ 44,030,000	70%
9		영업3팀	₩ 35,000	1,600	1,357	₩ 47,495,000	85%
10	멀티비타민	영업1팀	₩ 30,000	1,800	2,102	₩ 63,060,000	117%
11		영업2팀	₩ 30,000	2,000	2,368	₩ 71,040,000	118%
12		영업3팀	₩ 30,000	1,800	2,221	₩ 66,630,000	123%
13	알로에	영업1팀	₩ 40,000	2,000	1,869	₩ 74,760,000	93%
14		영업2팀	₩ 40,000	1,900	1,755	₩ 70,200,000	92%
15		영업3팀	₩ 40,000	1,900	2,301	₩ 92,040,000	121%
16							

④ 사용자 지정 표시 형식

1. [B4:B15] 영역을 블록으로 지정한 후 [Ctrl]+[1]을 누른다.

2. '셀 서식' 대화상자의 '표시 형식' 탭에서 범주와 형식을 그림과 같이 지정한 후 〈확인〉을 클릭한다.

03. 고급 필터

정답

	A	B	C	D	E	F	G
16							
17	직위	수령액					
18	부장						
19		<=3500000					
20							
21							
22	사원명	직위	기본급	수당	상여금	세금	수령액
23	김상욱	부장	4,268,400	768,000	1,280,520	1,010,707	5,306,213
24	송윤아	부장	4,351,100	783,000	1,305,330	1,030,309	5,409,121
25	고회식	사원	2,716,300	489,000	814,890	643,230	3,376,960
26	김선우	사원	2,675,600	482,000	802,680	633,645	3,326,635
27							

1. [A17:B19] 영역에 그림과 같이 조건을 입력한다.

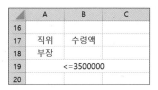

	A	B	C
16			
17	직위	수령액	
18	부장		
19		<=3500000	
20			

2. 데이터 영역(A3:G15)의 임의의 셀을 선택한 후 [데이터] → 정렬 및 필터 → **고급**을 클릭한다.

3. '고급 필터' 대화상자에서 결과, 목록 범위, 조건 범위, 복사 위치를 그림과 같이 지정한 후 〈확인〉을 클릭한다.

01. 이용요금

정답

	A	B	C	D	E
1	[표1]	놀이방 이용 현황			
2	성명	나이	입실시간	퇴실시간	이용요금
3	이하율	5	10:00	12:30	15,000
4	유영신	4	10:20	13:00	16,000
5	김정식	6	10:25	13:00	15,500
6	정우수	5	10:30	12:00	9,000
7	이채원	5	10:45	12:15	9,000
8	성현우	6	11:00	13:00	12,000
9	한영승	5	11:10	14:10	18,000
10	박철희	4	11:15	13:45	15,000
11	김상호	7	11:20	13:50	15,000

[E3] : =(HOUR(D3−C3) * 60 + MINUTE(D3−C3)) / 10 * 1000

02. 남녀최대기록평균

정답

	G	H	I	J	K	L
1	[표2]	높이뛰기 결과				
2	선수번호	성별	기록(m)		<조건>	
3	W-1654	여	1.79		성별	성별
4	M-2075	남	2.31		남	여
5	M-9916	남	2.35			
6	W-5573	여	1.92		남녀최대기록평균	
7	W-2694	여	1.88		2.2	
8	M-3844	남	2.29			
9	M-1682	남	2.27			
10	W-5690	여	1.86			
11	M-6871	남	2.22			

[K7] : =ROUNDUP(AVERAGE(DMAX(G2:I11, 3, K3:K4), DMAX(G2:I11, 3, L3:L4)), 1)

03. 비고

정답

	A	B	C	D	E
13	[표3]	1학기 성적표			
14	성명	중간고사	기말고사	평균	비고
15	이하나	86	87	86.5	관심
16	김하랑	57	51	54	관심
17	하예라	88	91	89.5	
18	유한결	94	92	93	
19	장한나	92	93	92.5	
20	최나라	64	60	62	관심
21	손도연	43	40	41.5	관심
22	최민석	60	51	55.5	관심
23	한석우	85	89	87	
24	정민지	56	50	53	관심
25	김예중	92	95	93.5	

[E15] : =IF(D15<=MEDIAN($D$15:$D$25), "관심", " ")

04. 총판매량이 가장 많은 사원명

정답

	G	H	I	J	K
13	[표4]	사원별 실적표			
14	사원명	1월	2월	3월	총판매량
15	이현숙	254	292	301	847
16	강지석	285	251	275	811
17	조현우	178	167	226	571
18	손진영	267	240	238	745
19	전지현	222	248	263	733
20	김준용	301	279	327	907
21	박영선	281	227	261	769
22	유한열	194	254	267	715
23	김태균	295	269	282	846
24	한지민	268	251	259	778
25	총판매량이 가장 많은 사원명				김준용

[K25] : =INDEX(G15:K24, MATCH(MAX(K15:K24), K15:K24, 0), 1)

05. 닉네임

	A	B	C	D	E	F
27	[표5]	회원 관리 현황				
28	아이디	성명	성별	가입년도	거주지역	닉네임
29	zeus	이승섭	남	2016	서울	서울ZEUS
30	hera	김창신	여	2018	부산	부산HERA
31	giant	임태우	남	2015	대전	대전GIANT
32	athena	안민희	여	2017	대구	대구ATHENA
33	chloe	김진석	남	2018	목포	목포CHLOE
34	ares	김인자	남	2016	광주	광주ARES
35	hades	서재명	남	2017	평창	평창HADES
36	eros	김민공	여	2014	제주	제주EROS
37	enoch	윤석희	여	2016	인천	인천ENOCH
38	gaia	최선해	남	2017	경기	경기GAIA

[F29] : =E29 & UPPER(TRIM(A29)) 또는
=E29 & TRIM(UPPER(A29))

 문제 3 **분석작업**

01. 데이터 표

	A	B	C	D	E	F
1						
2		운동화 판매 현황				
3						
4		상품명	에어스프링		판매량	판매율
5		생산량	20,000			81%
6		판매량	16,258		12,000	60%
7		재고량	3,742		14,000	70%
8		판매율	81%		16,000	80%
9					18,000	90%
10					20,000	100%
11						

1. [C8] 셀의 수식 '=C6/C5'를 수식 입력줄에서 복사(Ctrl + C)한 후 Esc를 누른다.
2. [F5] 셀을 클릭한 후 복사한 수식을 붙여넣기(Ctrl + V)한다.
3. [E5:F10] 영역을 블록으로 지정한 후 [데이터] → 예측 → 가상 분석 → **데이터 표**를 선택한다.
4. '데이터 테이블' 대화상자에서 '열 입력 셀'을 그림과 같이 지정한 후 〈확인〉을 클릭한다.

02. 통합

	G	H
1	[표2] 사무용품 신청현황	
2		
3	사무용품	신청량
4	A4용지	575
5	볼펜	650
6	포스트잇	675
7		

1. [G4] 셀에 A4용지, [G5] 셀에 볼펜, [G6] 셀에 포스트잇을 입력한다.
2. [G3:H6] 영역을 블록으로 지정한 후 [데이터] → 데이터 도구 → **통합**을 클릭한다.
3. '통합' 대화상자에서 함수, 참조 범위, 사용할 레이블을 그림과 같이 지정한 후 〈확인〉을 클릭한다.

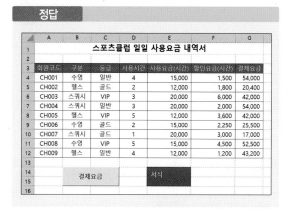

 문제 4 기타작업

정답

01. 매크로

① '결제요금' 매크로

정답

	A	B	C	D	E	F	G
1			스포츠클럽 일일 사용요금 내역서				
2							
3	회원코드	구분	등급	사용시간	사용요금(시간)	할인요금(시간)	결제요금
4	CH001	수영	일반	4	15,000	1,500	54,000
5	CH002	헬스	골드	2	12,000	1,800	20,400
6	CH003	스쿼시	VIP	3	20,000	6,000	42,000
7	CH004	스쿼시	일반	3	20,000	2,000	54,000
8	CH005	헬스	VIP	5	12,000	3,600	42,000
9	CH006	수영	골드	2	15,000	2,250	25,500
10	CH007	스쿼시	골드	1	20,000	3,000	17,000
11	CH008	수영	VIP	5	15,000	4,500	52,500
12	CH009	헬스	일반	4	12,000	1,200	43,200
13							
14		결제요금			서식		
15							
16							

1. [개발 도구] → 컨트롤 → 삽입 → 양식 컨트롤 → **단추** (□)를 선택한 후 [B14:C15] 영역에 맞게 드래그한다.
2. '매크로 지정' 대화상자의 매크로 이름에 **결제요금**을 입력한 후 〈기록〉을 클릭한다.
3. '매크로 기록' 대화상자에서 〈확인〉을 클릭한다.
4. [G4] 셀을 클릭하고 **=D4*(E4-F4)**를 입력한 후 [Enter]를 누른다.
5. [G4] 셀의 채우기 핸들을 [G12] 셀까지 드래그하여 수식을 복사한다.
6. 임의의 셀을 클릭한 후 [개발 도구] → 코드 → **기록 중지**를 클릭한다.

7. 단추의 바로 가기 메뉴에서 [**텍스트 편집**]을 선택한 후 입력된 내용을 **결제요금**으로 수정한다.

② '서식' 매크로

1. [삽입] → 일러스트레이션 → 도형 → 사각형 → **직사각형** (□)을 선택한 후 [E14:E15] 영역에 맞게 드래그한다.
2. 도형의 바로 가기 메뉴에서 [**매크로 지정**]을 선택한다.
3. '매크로 지정' 대화상자의 매크로 이름에 **서식**을 입력한 후 〈기록〉을 클릭한다.
4. '매크로 기록' 대화상자에서 〈확인〉을 클릭한다.
5. [A3:G3] 영역을 블록으로 지정한 후 [홈] → 글꼴에서 글꼴 색(가)을 '노랑', 채우기 색(◇)을 '빨강'으로 지정한다.
6. 임의의 셀을 클릭한 후 [개발 도구] → 코드 → **기록 중지**를 클릭한다.
7. 도형의 바로 가기 메뉴에서 [**텍스트 편집**]을 선택한 후 **서식**을 입력한다.

02. 차트

① 계열 삭제 및 가로(항목) 축 변경

1. 차트의 바로 가기 메뉴에서 [**데이터 선택**]을 선택한다.
2. '데이터 원본 선택' 대화상자에서 '범례 항목(계열)'의 '나이'를 선택한 후 〈제거〉를 클릭한다.
3. 이어서 '가로(항목) 축 레이블'의 〈편집〉을 클릭한다.

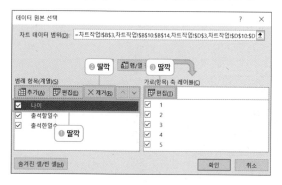

4. '축 레이블' 대화상자에서 '축 레이블 범위'를 [A10:A14] 영역으로 지정한 후 〈확인〉을 클릭한다.

5. '데이터 원본 선택' 대화상자에서도 〈확인〉을 클릭한다.

③ 데이터 계열 서식 지정

1. 임의의 계열의 바로 가기 메뉴에서 [**데이터 계열 서식**]을 선택한다.
2. '데이터 계열 서식' 창의 [계열 옵션] → ▮▮(계열 옵션) → **계열 옵션**에서 '계열 겹치기'를 50%, '간격 너비'를 100%로 지정한 후 '닫기(❌)'를 클릭한다.

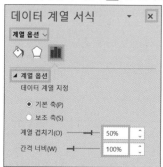

④ 눈금선 및 추세선 지정

1. 차트를 선택한 후 [차트 디자인] → 차트 레이아웃 → 차트 요소 추가 → 눈금선 → **기본 주 세로**를 선택한다.
2. 그림 영역에서 '출석할일수' 계열을 선택한 후 [차트 디자인] → 차트 레이아웃 → 차트 요소 추가 → 추세선 → **지수**를 선택한다.

2024년 컴퓨터활용능력 2급 실기

프로그램명	제한시간
EXCEL 2021	40분

수험번호 :

성명 :

2급

〈 유 의 사 항 〉

- 인적 사항 누락 및 잘못 작성으로 인한 불이익은 수험자 책임으로 합니다.
- 화면에 암호 입력창이 나타나면 아래의 암호를 입력하여야 합니다.
  - 암호 : 6710#6
- 작성된 답안은 주어진 경로 및 파일명을 변경하지 마시고 그대로 저장해야 합니다.
  이를 준수하지 않으면 실격 처리됩니다.
  - 답안 파일명의 예 : C:\OA\수험번호8자리.xlsm
- 외부 데이터 위치 : C:\OA\파일명
- 별도의 지시사항이 없는 경우, 다음과 같이 처리 시 실격 처리됩니다.
  - 제시된 시트 및 개체의 순서나 이름을 임의로 변경한 경우
  - 제시된 시트 및 개체를 임의로 추가 또는 삭제한 경우
  - 외부 데이터를 시험 시작 전에 열어본 경우
- 답안은 반드시 문제에서 지시 또는 요구한 셀에 입력하여야 하며, 다음과 같이 처리 시 채점 대상에서 제외됩니다.
  - 제시된 함수가 있을 경우 제시된 함수만을 사용하여야 하며 그 외 함수 사용 시 채점 대상에서 제외
  - 수험자가 임의로 지시하지 않은 셀의 이동, 수정, 삭제, 변경 등으로 인해 셀의 위치 및 내용이 변경된 경우 해당 작업에 영향을 미치는 관련문제 모두 채점 대상에서 제외
  - 도형 및 차트의 개체가 중첩되어 있거나 동일한 계산결과 시트가 복수로 존재할 경우 해당 개체나 시트는 채점 대상에서 제외
- 수식 작성 시 제시된 문제 파일의 데이터는 변경 가능한(가변적) 데이터임을 감안하여 문제 풀이를 하시오.
- 별도의 지시사항이 없는 경우, 주어진 각 시트 및 개체의 설정값 또는 기본 설정값(Default)으로 처리하시오.
- 저장 시간은 별도로 주어지지 않으므로 제한된 시간 내에 저장을 완료해야 하며, 제한 시간 내에 저장이 되지 않은 경우에는 실격 처리됩니다.
- 출제된 문제의 용어는 Microsoft Office 2021(LTSC 2108 버전) 기준으로 작성되어 있습니다.

대한상공회의소

기본작업(20점) 주어진 시트에서 다음 과정을 수행하고 저장하시오.

1. '기본작업-1' 시트에 다음의 자료를 주어진 대로 입력하시오. (5점)

	A	B	C	D	E	F
1	신입사원 지원 현황					
2						
3	지원자코드	지원자명	성별	필기점수	면접점수	자격증
4	cmj-49123	추미자	여	98	88	90
5	kys-80267	김예소	남	91	88	70
6	hjm-54089	하지만	남	88	92	60
7	kck-33931	김치국	남	96	90	95
8	amh-24908	안명홍	남	78	88	90
9	cgk-14554	최고군	남	91	70	80
10	udj-64517	유단자	남	99	98	100
11						

2. '기본작업-2' 시트에 대하여 다음의 지시사항을 처리하시오. (각 2점)

① [A1:H1] 영역은 '병합하고 가운데 맞춤', 글꼴 '궁서체', 크기 20, 글꼴 스타일 '기울임꼴', 밑줄 '이중 실선(회계형)'으로 지정하시오.

② [A3:A4], [B3:B4], [C3:D3], [E3:F3], [G3:H3] 영역은 '병합하고 가운데 맞춤', [A3:H4] 영역은 글꼴 스타일 '굵게', 글꼴 색 '표준 색 – 빨강'으로 지정하시오.

③ [H13] 셀에 "3월 최고 판매액"이라는 메모를 삽입한 후 항상 표시되도록 지정하고, 메모 서식에서 맞춤 '자동 크기'를 지정하시오.

④ [D5:D16], [F5:F16], [H5:H16] 영역은 사용자 지정 표시 형식을 이용하여 천 단위 구분 기호와 값 뒤에 "만원"을 [표시 예]와 같이 표시하시오.
[표시 예 : 1000 → 1,000만원, 0 → 0만원]

⑤ [A3:H16] 영역은 '모든 테두리(田)'를 적용한 후 '굵은 바깥쪽 테두리(田)'를 적용하여 표시하시오.

3. '기본작업-3' 시트에서 다음의 지시사항을 처리하시오. (5점)

[C4:C15] 영역에서 판매량이 200을 초과하는 셀에는 '진한 녹색 텍스트가 있는 녹색 채우기'를, [G4:G15] 영역에서 매출이익이 평균 미만인 셀에는 채우기 색을 '표준 색 – 노랑', 글꼴 색을 '표준 색 – 빨강'으로 지정하는 조건부 서식을 작성하시오.
▶ 단, 규칙 유형은 '셀 강조 규칙'과 '상위/하위 규칙'을 이용하시오.

계산작업(40점) '계산작업' 시트에서 다음 과정을 수행하고 저장하시오.

1. [표1]에서 대여횟수[C3:C12]의 순위를 구하여 1위는 "인기", 2위는 "선호", 그 외에는 공백을 선호도[D3:D12]에 표시하시오. (8점)
▶ 순위는 점수가 가장 높은 것이 1위
▶ CHOOSE, IFERROR, RANK.EQ 함수 사용

2. [표2]에서 성별[G3:G11]이 "여"인 학생들의 평균[K3:K11] 중 최고 평균과 최소 평균의 차이를 [K12] 셀에 계산하시오. (8점)

▶ 평균 차이는 소수점 이하 둘째 자리에서 올림하여 첫째 자리까지 표시
[표시 예 : 87.54 → 87.6]
▶ ROUNDUP, DMAX, DMIN 함수 사용

3. [표3]에서 결근[B16:B25], 지각[C16:C25], 조퇴[D16:D25]가 각각 한 번 이상이면 "경고", 그 외에는 공백을 비고[E16:E25]에 표시하시오. (8점)

▶ IF, COUNTIF 함수 사용

4. [표4]에서 상식[H16:H24]과 외국어[I16:I24]가 모두 80점 이상이고 총점[J16:J24]이 총점 평균을 초과하는 사원들이 승진한다. 승진하는 사원들의 승진율을 [J25] 셀에 계산하시오. (8점)

▶ 승진율 = 조건을 모두 만족하는 사원의 수 / 전체 사원의 수
▶ COUNTIFS, AVERAGE, COUNTA 함수와 & 연산자 사용

5. [표5]에서 판매량[C29:C36]과 성과급 지급표[G35:J36]를 이용하여 성과급[D29:D36]을 계산하시오. (8점)

▶ 성과급 지급표의 의미 : 판매량 순위가 1위이면 1,000,000원, 2위이면 500,000원, 3위이면 300,000원, 그 외는 100,000원
▶ 순위는 판매량이 가장 많은 것이 1위임
▶ HLOOKUP, RANK.EQ 함수 사용

문제 3 **분석작업(20점)** 주어진 시트에서 다음 작업을 수행하고 저장하시오.

1. '분석작업-1' 시트에 대하여 다음의 지시사항을 처리하시오. (10점)

[정렬] 기능을 이용하여 '의료 판매 현황' 표의 '분류'를 '라운드티 – 카라티 – 니트티 – 반팔티' 순으로 정렬하고, 동일한 분류인 경우 '판매량'의 셀 색이 'RGB(189, 215, 238)'인 값이 위에 표시되도록 정렬하시오.

2. '분석작업-2' 시트에 대하여 다음의 지시사항을 처리하시오. (10점)

[피벗 테이블] 기능을 이용하여 '부서별 임금 수령 현황' 표의 사원명은 '필터', 부서명은 '행', 직위는 '열'로 처리하고, '값'에 수령액의 평균을 계산하시오.
▶ 피벗 테이블 보고서는 동일 시트의 [A20] 셀에서 시작하시오.
▶ 피벗 테이블 보고서는 열의 총합계만 설정하시오.
▶ 수령액 평균의 표시 형식은 '값 필드 설정'의 '셀 서식' 대화상자에서 '숫자' 범주와 '1000 단위 구분 기호 사용'을 이용하여 지정하시오.

1. '매크로작업' 시트의 [표]에서 다음과 같은 기능을 수행하는 매크로를 현재 통합 문서에 작성하고 실행하시오. (각 5점)

① [B14:F14] 영역에 각 반별 평균을 계산하는 매크로를 생성하여 실행하시오.
  ▶ 매크로 이름 : 평균
  ▶ AVERAGE 함수 사용
  ▶ [개발 도구] → [컨트롤] → [삽입] → [양식 컨트롤]의 '단추(□)'를 동일 시트의 [H3:I4] 영역에 생성하고, 텍스트를 "평균"으로 입력한 후 단추를 클릭할 때 '평균' 매크로가 실행되도록 설정하시오.

② [A3:F3] 영역에 셀 스타일을 '주황, 강조색2'로 지정하는 매크로를 생성하여 실행하시오.
  ▶ 매크로 이름 : 셀스타일
  ▶ [삽입] → [일러스트레이션] → [도형] → [기본 도형]의 '사각형: 빗면(□)'을 동일 시트의 [H6:I7] 영역에 생성하고, 텍스트를 "셀스타일"로 입력한 후 도형을 클릭할 때 '셀스타일' 매크로가 실행되도록 설정하시오.

※ 셀 포인터의 위치에 상관없이 현재 통합 문서에서 매크로가 실행되어야 정답으로 인정됨

2. '차트작업' 시트의 차트를 지시사항에 따라 아래 〈그림〉과 같이 수정하시오. (각 2점)

※ 차트는 반드시 문제에서 제공한 차트를 사용하여야 하며, 신규로 작성 시 0점 처리됨

① '숙박비' 계열이 제거되도록 데이터 범위를 수정하고, 차트 종류를 '표식이 있는 꺾은선형'으로 변경하시오.
② 차트 제목은 '차트 위'로 지정한 후 [A1] 셀과 연동되도록 설정하시오.
③ 세로(값) 축 눈금의 최소값은 10,000, 최대값은 50,000, 기본 단위는 10,000으로 지정하시오.
④ '교통비' 계열의 최고값에만 데이터 레이블 '값'을 표시하고, 레이블의 위치를 '위쪽'으로 지정하시오.
⑤ 범례는 '오른쪽'에 배치한 후 도형 스타일을 '색 채우기, 파랑 − 강조 5'로 지정하시오.

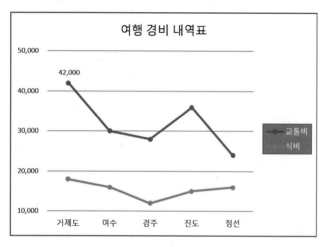

문제 1 기본작업 정답

02. 셀 서식

정답

	A	B	C	D	E	F	G	H
1			*1/4분기 지역별 자동차 판매 현황*					3월 최고 판매액
2								
3	지역	차종	1월		2월		3월	
4			판매량	판매액	판매량	판매액	판매량	판매액
5	서울	코란다	53	116,600만원	34	74,800만원	34	74,800만원
6	서울	투손	37	85,100만원	26	59,800만원	27	62,100만원
7	서울	스포타주	48	103,200만원	47	101,050만원	52	111,800만원
8	경기	코란다	56	123,200만원	18	39,600만원	19	41,800만원
9	경기	투손	27	62,100만원	26	59,800만원	22	50,600만원
10	경기	스포타주	61	131,150만원	54	116,100만원	33	70,950만원
11	부산	코란다	13	28,600만원	61	134,200만원	45	99,000만원
12	부산	투손	45	103,500만원	31	71,300만원	0	0만원
13	부산	스포타주	41	88,150만원	42	90,300만원	60	129,000만원
14	대전	코란다	24	52,800만원	0	0만원	49	107,800만원
15	대전	투손	38	87,400만원	43	98,900만원	27	62,100만원
16	대전	스포타주	27	58,050만원	67	144,050만원	50	107,500만원
17								

1 글꼴 서식

1. [A1:H1] 영역을 블록으로 지정한 후 Ctrl + 1 을 누른다.
2. '셀 서식' 대화상자의 '글꼴' 탭에서 그림과 같이 지정한 후 〈확인〉을 클릭한다.

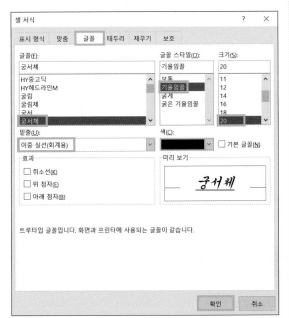

4 사용자 지정 표시 형식

1. [D5:D16], [F5:F16], [H5:H16] 영역을 블록으로 지정한 후 Ctrl + 1 을 누른다.
2. '셀 서식' 대화상자의 '표시 형식' 탭에서 범주와 형식을 그림과 같이 지정한 후 〈확인〉을 클릭한다.

03. 조건부 서식

정답

	A	B	C	D	E	F	G
1			쇼핑몰 매출 현황				
2							
3	제품코드	판매가	판매량	홍보비	관리비	세금	매출이익
4	DH-101	15,800	154	150,000	300,000	292,000	1,691,200
5	DH-102	16,500	210	150,000	300,000	416,000	2,599,000
6	DH-103	18,000	198	150,000	300,000	428,000	2,686,000
7	PO-201	15,000	222	150,000	300,000	400,000	2,480,000
8	PO-202	17,800	210	150,000	300,000	449,000	2,839,000
9	PO-203	19,500	175	150,000	300,000	410,000	2,552,500
10	GM-301	20,000	168	200,000	500,000	403,000	2,257,000
11	GM-302	21,500	199	200,000	500,000	513,000	3,065,500
12	GM-303	22,800	229	200,000	500,000	627,000	3,894,200
13	TK-401	16,500	168	200,000	500,000	333,000	1,739,000
14	TK-402	17,500	183	200,000	500,000	384,000	2,118,500
15	TK-403	18,500	257	200,000	500,000	571,000	3,483,500
16							

1. 판매량이 200을 초과하는 셀을 지정하기 위해 [C4:C15] 영역을 블록으로 지정한 후 [홈] → 스타일 → 조건부 서식 → 셀 강조 규칙 → **보다 큼**을 선택한다.
2. '보다 큼' 대화상자에서 '값'은 200을, '적용할 서식'은 '진한 녹색 텍스트가 있는 녹색 채우기'를 지정한 후 〈확인〉을 클릭한다.

3. 매출이익이 평균 미만인 셀을 지정하기 위해 [G4:G15] 영역을 블록으로 지정한 후 [홈] → 스타일 → 조건부 서식 → 상위/하위 규칙 → **평균 미만**을 선택한다.

4. '평균 미만' 대화상자에서 '적용할 서식'의 '사용자 지정 서식'을 선택한다.

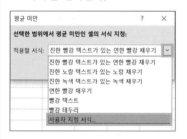

5. '셀 서식' 대화상자의 '글꼴' 탭에서 글꼴 색을 '표준 색 – 빨강', '채우기' 탭에서 배경색을 '표준 색 – 노랑'으로 지정한 후 〈확인〉을 클릭한다.
6. '평균 미만' 대화상자에서도 〈확인〉을 클릭한다.

 문제 2 계산작업

정답

01. 선호도

정답

	A	B	C	D
1	[표1]	**DVD 대여 목록**		
2	DVD코드	출시월	대여횟수	선호도
3	CO-151	3월	8	
4	DR-513	3월	12	
5	AC-112	3월	15	
6	DR-473	4월	7	
7	AC-352	4월	24	
8	CO-231	4월	38	인기
9	FE-124	4월	30	선호
10	AC-482	5월	19	
11	FE-124	5월	26	
12	CO-481	5월	27	

[D3] : =IFERROR(CHOOSE(RANK.EQ(C3, $C$3:$C$12), "인기", "선호"), "")

02. 여학생 최고-최저 평균차이

정답

	F	G	H	I	J	K
1	[표2]		중간고사 성적표			
2	성명	성별	국어	영어	수학	평균
3	이유진	여	88	90	90	89.3
4	이준호	남	92	91	94	92.3
5	최민지	여	75	76	80	77.0
6	한수빈	여	61	68	65	64.7
7	강현지	여	85	89	70	81.3
8	한상현	남	99	97	98	98.0
9	정준영	남	85	81	84	83.3
10	김지혜	여	75	80	77	77.3
11	유승현	남	64	60	66	63.3
12	여학생 최고-최저 평균차이					24.6

[K12] : =ROUNDUP(DMAX(F2:K11, 6, G2:G3) − DMIN(F2:K11, 6, G2:G3), 1)

03. 비고

	A	B	C	D	E
14	[표3]	사원별 출근기록표			
15	사원명	결근	지각	조퇴	비고
16	한민준	1	2	1	경고
17	정수민	0	0	0	
18	장윤서	0	1	0	
19	강지후	0	1	0	
20	성서영	1	0	0	
21	이지훈	0	1	1	
22	박지원	0	0	1	
23	최준서	1	2	2	경고
24	한예원	1	0	0	
25	이영환	2	1	1	경고

[E16] : =IF(COUNTIF(B16:D16, ">=1")=3, "경고", "")

04. 승진율

	G	H	I	J
14	[표4]	승진시험결과		
15	사원코드	상식	외국어	총점
16	kms3581	84	84	168
17	lty3574	68	75	143
18	hjh6257	83	90	173
19	jhw0480	86	89	175
20	chg3419	94	91	185
21	kji8003	95	93	188
22	hjj3405	87	88	175
23	gin8846	88	85	173
24	ysm3557	93	78	171
25	승진율			67%

[J25] : =COUNTIFS(H16:H24, ">=80", I16:I24, ">=80", J16:J24, ">"&AVERAGE(J16:J24)) / COUNTA(G16:G24)

Q '총점 평균 초과'의 수식을 ">AVERAGE(J16:J24)"로 입력하면 안되나요?

A 안됩니다. 함수를 큰따옴표(" ") 안에 입력하면 함수가 아닌 텍스트로 인식하여 올바른 결과가 나오지 않습니다. 함수를 이용하여 조건을 지정하려면 ">"&AVERAGE(J16:J24)와 같이 관계 연산자()=, >, <=)와 함수를 분리하여 입력하고, 관계 연산자는 큰따옴표(" ")로 묶어줘야 합니다. 그리고 두 개의 문자열을 &로 연결합니다.

05. 성과급

	A	B	C	D
27	[표5]	성과급 지급 현황		
28	사원명	판매팀	판매량	성과급
29	김효연	판매1팀	153	500,000
30	박시완	판매2팀	174	1,000,000
31	이유리	판매1팀	120	100,000
32	신채연	판매3팀	97	100,000
33	유희애	판매1팀	84	100,000
34	경진수	판매2팀	126	300,000
35	주민성	판매2팀	57	100,000
36	양명호	판매3팀	118	100,000

[D29] : =HLOOKUP(RANK.EQ(C29, $C$29:$C$36), $G$35:$J$36, 2)

문제 3 분석작업
정답

01. 정렬

정답

	A	B	C	D	E	F
1			의류 판매 현황			
2						
3	분류	사이즈	가격	판매량	재고량	판매금액
4	라운드티	90	35,000	92	108	3,220,000
5	라운드티	105	35,000	111	89	3,885,000
6	라운드티	95	35,000	75	125	2,625,000
7	라운드티	100	35,000	85	115	2,975,000
8	카라티	100	36,000	79	121	2,844,000
9	카라티	105	36,000	84	116	3,024,000
10	카라티	90	36,000	57	143	2,052,000
11	카라티	95	36,000	68	132	2,448,000
12	니트티	95	42,000	94	106	3,948,000
13	니트티	90	42,000	102	98	4,284,000
14	니트티	105	42,000	47	153	1,974,000
15	니트티	100	42,000	68	132	2,856,000
16	반팔티	100	37,500	118	82	4,425,000
17	반팔티	90	37,500	120	80	4,500,000
18	반팔티	105	37,500	95	105	3,562,500
19	반팔티	95	37,500	99	101	3,712,500
20						

1. 데이터 영역(A3:F19)의 임의의 셀을 선택한 후 [데이터]
→ 정렬 및 필터 → **정렬**을 선택한다.

2. '정렬' 대화상자에서 '정렬 기준'을 '분류'로 선택한 후 '정
렬'에서 '사용자 지정 목록'을 선택한다.

3. '사용자 지정 목록' 대화상자의 '목록 항목'에 **라운드티,
카라티, 니트티, 반팔티**를 입력한 후 〈추가〉와 〈확인〉을
차례대로 클릭한다.

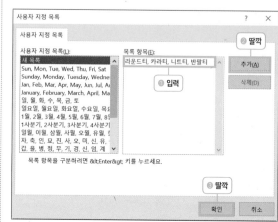

4. '정렬' 대화상자에서 '기준 추가'를 클릭하고 '다음 기준'
에서 '판매량', '셀 색', 'RGB (189, 215, 238)'을 선택한
후 〈확인〉을 클릭한다.

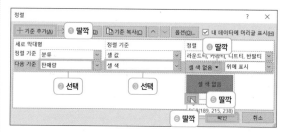

02. 피벗 테이블

정답

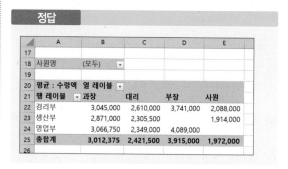

	A	B	C	D	E
17					
18	사원명	(모두)			
19					
20	평균 : 수령액	열 레이블			
21	행 레이블	과장	대리	부장	사원
22	경리부	3,045,000	2,610,000	3,741,000	2,088,000
23	생산부	2,871,000	2,305,500		1,914,000
24	영업부	3,066,750	2,349,000	4,089,000	
25	총합계	3,012,375	2,421,500	3,915,000	1,972,000
26					

1. 데이터 영역(A3:H15)의 임의의 셀을 선택한 후 [삽입]
→ 표 → **피벗 테이블(▦)**을 클릭한다.

2. '피벗 테이블 만들기' 대화상자에서 피벗 테이블을 넣을
위치를 '기존 워크시트', [A20] 셀로 지정한 후 〈확인〉
을 클릭한다.

3. '피벗 테이블 필드' 창에서 그림과 같이 각 필드를 지정한다.

4. 작성된 피벗 테이블에서 '합계 : 수령액(A20)'의 바로 가기 메뉴에서 [값 요약 기준] → **평균**을 선택한다.

5. 피벗 테이블의 임의의 셀을 클릭한 후 [디자인] → 레이아웃 → 총합계 → **열의 총합계만 설정**을 선택한다.

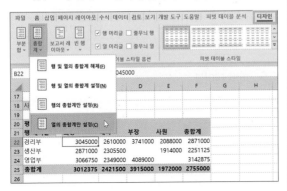

6. 피벗 테이블에서 '평균 : 수령액(A20)'의 바로 가기 메뉴에서 [**값 필드 설정**]을 선택한다.

7. '값 필드 설정' 대화상자에서 〈표시 형식〉을 클릭한다.

8. '셀 서식' 대화상자에서 그림과 같이 지정한 후 〈확인〉을 클릭한다.

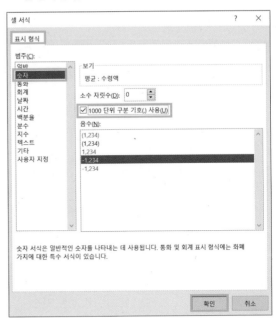

9. '값 필드 설정' 대화상자에서도 〈확인〉을 클릭한다.

01. 매크로

정답

	A	B	C	D	E	F	G	H	I
1		1학년 영어 점수 결과							
3	학생명	1반	2반	3반	4반	5반			
4	최연재	82	60	81	78	91		평균	
5	조현준	79	51	87	92	57			
6	김은소	91	84	92	86	86		셀스타일	
7	강혜진	88	72	84	47	79			
8	홍명성	57	91	72	85	92			
9	유명한	95	58	638	91	55			
10	이대로	84	61	58	86	88			
11	김서현	76	82	92	93	79			
12	전진서	92	92	49	87	96			
13	박상철	82	66	82	77	83			
14	평균	82.6	71.7	133.5	82.2	80.6			

① '평균' 매크로

1. [개발 도구] → 컨트롤 → 삽입 → 양식 컨트롤 → **단추(□)**를 선택한 후 [H3:I4] 영역에 맞게 드래그한다.
2. '매크로 지정' 대화상자의 매크로 이름에 **평균**을 입력한 후 〈기록〉을 클릭한다.
3. '매크로 기록' 대화상자에서 〈확인〉을 클릭한다.
4. [B14] 셀을 클릭하고 **=AVERAGE(B4:B13)**을 입력한 후 Enter를 누른다.
5. [B14] 셀의 채우기 핸들을 [F14] 셀까지 드래그하여 수식을 복사한다.
6. 임의의 셀을 클릭한 후 [개발 도구] → 코드 → **기록 중지**를 클릭한다.
7. 단추의 바로 가기 메뉴에서 [**텍스트 편집**]을 선택한 후 입력된 내용을 **평균**으로 수정한다.

② '셀스타일' 매크로

1. [삽입] → 일러스트레이션 → 도형 → 기본 도형 → **사각형: 빗면(□)**을 선택한 후 [H6:I7] 영역에 맞게 드래그한다.
2. 도형의 바로 가기 메뉴에서 [**매크로 지정**]을 선택한다.
3. '매크로 지정' 대화상자의 매크로 이름에 **셀스타일**을 입력한 후 〈기록〉을 클릭한다.
4. '매크로 기록' 대화상자에서 〈확인〉을 클릭한다.
5. [A3:F3] 영역을 블록으로 지정한 후 [홈] → 스타일 → 셀 스타일의 ▾(자세히) → **주황, 강조색2**를 선택한다.
6. 임의의 셀을 클릭한 후 [개발 도구] → 코드 → **기록 중지**를 클릭한다.
7. 도형의 바로 가기 메뉴에서 [**텍스트 편집**]을 선택한 후 **셀스타일**을 입력한다.

02. 차트

① 데이터 계열 삭제

차트에서 '숙박비' 계열을 선택한 후 Delete를 눌러 삭제한다.

② 제목 연동

1. 차트를 선택한 후 [차트 디자인] → 차트 레이아웃 → 차트 요소 추가 → 차트 제목 → **차트 위**를 선택하여 차트 제목을 삽입한다.
2. 차트 제목이 선택된 상태에서 수식 입력줄을 클릭하고 =을 입력한 후 [A1] 셀을 클릭하고 Enter를 누른다.

③ 세로(값) 축 서식 지정

1. 세로(값) 축의 바로 가기 메뉴에서 [**축 서식**]을 선택한다.
2. '축 서식' 창의 [축 옵션] → ▮▮(축 옵션) → 축 옵션에서 경계의 '최소값'을 10000, '최대값'을 50000, 단위의 '기본'을 10000으로 지정한 후 '닫기(✕)'를 클릭한다.

④ 데이터 레이블 지정

1. '교통비' 계열의 '거제도' 요소를 클릭한 후 다시 한번 클릭한다.
2. '거제도' 요소만 선택된 상태에서 [차트 디자인] → 차트 레이아웃 → 차트 요소 추가 → 데이터 레이블 → **위쪽**을 선택한다.

2024년 컴퓨터활용능력 2급 실기

프로그램명	제한시간	수험번호 :
EXCEL 2021	40분	성명 :

2급

〈 유 의 사 항 〉

- 인적 사항 누락 및 잘못 작성으로 인한 불이익은 수험자 책임으로 합니다.
- 화면에 암호 입력창이 나타나면 아래의 암호를 입력하여야 합니다.
  - **암호 : 91%537**
- 작성된 답안은 주어진 경로 및 파일명을 변경하지 마시고 그대로 저장해야 합니다.
  이를 준수하지 않으면 실격 처리됩니다.
  - **답안 파일명의 예 : C:\OA\수험번호8자리.xlsm**
- **외부 데이터 위치 : C:\OA\파일명**
- 별도의 지시사항이 없는 경우, 다음과 같이 처리 시 실격 처리됩니다.
  - 제시된 시트 및 개체의 순서나 이름을 임의로 변경한 경우
  - 제시된 시트 및 개체를 임의로 추가 또는 삭제한 경우
  - 외부 데이터를 시험 시작 전에 열어본 경우
- 답안은 반드시 문제에서 지시 또는 요구한 셀에 입력하여야 하며, 다음과 같이 처리 시 채점 대상에서 제외됩니다.
  - 제시된 함수가 있을 경우 제시된 함수만을 사용하여야 하며 그 외 함수 사용 시 채점 대상에서 제외
  - 수험자가 임의로 지시하지 않은 셀의 이동, 수정, 삭제, 변경 등으로 인해 셀의 위치 및 내용이 변경된 경우 해당 작업에 영향을 미치는 관련문제 모두 채점 대상에서 제외
  - 도형 및 차트의 개체가 중첩되어 있거나 동일한 계산결과 시트가 복수로 존재할 경우 해당 개체나 시트는 채점 대상에서 제외
- 수식 작성 시 제시된 문제 파일의 데이터는 변경 가능한(가변적) 데이터임을 감안하여 문제 풀이를 하시오.
- 별도의 지시사항이 없는 경우, 주어진 각 시트 및 개체의 설정값 또는 기본 설정값(Default)으로 처리하시오.
- 저장 시간은 별도로 주어지지 않으므로 제한된 시간 내에 저장을 완료해야 하며, 제한 시간 내에 저장이 되지 않은 경우에는 실격 처리됩니다.
- 출제된 문제의 용어는 Microsoft Office 2021(LTSC 2108 버전) 기준으로 작성되어 있습니다.

대한상공회의소

기본작업(20점) 주어진 시트에서 다음 과정을 수행하고 저장하시오.

1. '기본작업-1' 시트에 다음의 자료를 주어진 대로 입력하시오. (5점)

	A	B	C	D	E	F
1	가전제품 재고관리현황					
2						
3	제품명	제품코드	공장출고가	주문량	판매량	주문예정량
4	청소기	vac-3912	250,000	200	199	200
5	세탁기	was-4538	1,200,000	100	108	100
6	냉장고	ref-6871	1,500,000	75	70	80
7	컴퓨터	com-5043	800,000	150	148	180
8	정수기	wat-7490	1,200,000	100	111	150
9	에어컨	con-4398	2,800,000	60	64	60
10						

2. '기본작업-2' 시트에 대하여 다음의 지시사항을 처리하시오. (각 2점)

① A 열의 너비를 2로 지정하고, 2행의 높이를 26으로 지정하시오.

② [D2] 셀의 제목 중 "동호회"를 한자 "同好會"로 변환하시오.

③ [E9:E14] 영역의 이름을 "서울시"로 정의하시오.

④ [F5:F16] 영역은 사용자 지정 표시 형식을 이용하여 'yy年 mm月 dd日'로 지정하시오.

⑤ [B4:G16] 영역은 '가로 가운데 맞춤'을 지정하고, '모든 테두리(田)'를 적용하여 표시하시오.

3. '기본작업-3' 시트에서 다음의 지시사항을 처리하시오. (5점)

'문화센터 강좌 현황' 표에서 수강인원이 20명 이상이면서 수강료가 50,000원 이하인 데이터를 사용자 지정 필터를 사용하여 검색하시오.

▶ 사용자 지정 필터의 결과는 [A4:F15] 영역의 데이터를 이용하여 추출하시오.

계산작업(40점) '계산작업' 시트에서 다음 과정을 수행하고 저장하시오.

1. [표1]에서 총점[D3:D12]을 기준으로 순위를 구하여 1위는 "대상", 2위는 "금상", 3위는 "은상", 4위는 "동상", 나머지는 공백을 수상여부[E3:E12]에 표시하시오.

▶ 순위는 총점이 가장 높은 것이 1위임

▶ IF, CHOOSE, RANK.EQ 함수 사용

2. [표2]에서 시간[I3:I12]이 가장 빠른 선수의 시간을 [J3] 셀에 표시하시오. (8점)

▶ 표시 예 : 2:34:56 → 2시간34분56초

▶ HOUR, MINUTE, SECOND, SMALL 함수와 & 연산자 사용

3. [표3]에서 승리[A16:A23]가 가장 많은 게임유저의 아이디[C16:23]를 [D23] 셀에 표시하시오. (8점)

▶ HLOOKUP, VLOOKUP, SMALL, LARGE 함수 중 알맞은 함수들을 선택하여 사용

4. [표4]에서 장르[H16:H22]가 "액션"이고 누적관객수[J16:J22]가 400 이상인 영화들의 누적관객수 평균을 [J23] 셀에 계산하시오.

▶ 누적관객수 평균은 소수점 이하 둘째 자리에서 올림하여 첫째 자리까지 표시 [표시 예 : 654.32 → 654.4]

▶ AVERAGEIF, AVERAGEIFS, ROUND, ROUNDUP, ROUNDDOWN 함수 중 알맞은 함수들을 사용

5. [표5]에서 제품명[B27:B34]이 "프린터"인 제품들의 총판매액[E27:E34]의 평균을 [G34] 셀에 계산하시오. (8점)

▶ SUMIF, COUNTIF 함수 사용

문제 3　　**분석작업(20점)** 주어진 시트에서 다음 작업을 수행하고 저장하시오.

1. '분석작업-1' 시트에 대하여 다음의 지시사항을 처리하시오. (10점)

[시나리오 관리자] 기능을 이용하여 '과일 납품 현황' 표에서 납품단가[I5:I7]가 다음과 같이 변하는 경우 매출액 합계[F19]의 변동 시나리오를 작성하시오.

▶ 셀 이름 정의 : [I5] 셀은 '사과단가', [I6] 셀은 '망고단가', [I7] 셀은 '오렌지단가', [F19] 셀은 '매출액합계'로 정의하시오.

▶ 시나리오1 : 시나리오 이름은 '납품단가인상', 납품단가[I5:I7] 영역을 각각 1200, 1700, 800으로 설정하시오.

▶ 시나리오2 : 시나리오 이름은 '납품단가인하', 납품단가[I5:I7] 영역을 각각 800, 1300, 400으로 설정하시오.

▶ 시나리오 요약 시트는 '분석작업-1' 시트의 바로 오른쪽에 위치해야 함

※ 시나리오 요약 보고서 작성 시 정답과 일치하여야 하며, 오자로 인한 부분 점수는 인정하지 않음

2. '분석작업-2' 시트에 대하여 다음의 지시사항을 처리하시오. (10점)

데이터 도구 [통합] 기능을 이용하여 [표1], [표2], [표3]에 대한 원자재별 '수입량', '수입가', '수입총액'의 합계를 [표4]의 [H3:J7] 영역에 계산하시오.

1. '매크로작업' 시트의 [표]에서 다음과 같은 기능을 수행하는 매크로를 현재 통합 문서에 작성하고 실행하시오. (각 5점)

    ① [B11:D11] 영역에 각 교육기관별 평균을 계산하는 매크로를 생성하여 실행하시오.
       ▶ 매크로 이름 : 평균
       ▶ AVERAGE 함수 사용
       ▶ [개발 도구] → [컨트롤] → [삽입] → [양식 컨트롤]의 '단추(□)'를 동일 시트의 [F3:G4] 영역에 생성하고, 텍스트를 "평균"으로 입력한 후 단추를 클릭할 때 '평균' 매크로가 실행되도록 설정하시오.
    ② [B4:D11] 영역에 표시 형식을 소수점 이하 첫째 자리로 적용하는 매크로를 생성하여 실행하시오.
       ▶ 매크로 이름 : 소수
       ▶ [삽입] → [일러스트레이션] → [도형] → [기본 도형]의 '사각형: 빗면(□)'을 동일 시트의 [F6:G7] 영역에 생성하고, 텍스트를 "소수"로 입력한 후 도형을 클릭할 때 '소수' 매크로가 실행되도록 설정하시오.
    ※ 셀 포인터의 위치에 상관없이 현재 통합 문서에서 매크로가 실행되어야 정답으로 인정됨

2. '차트작업' 시트의 차트를 지시사항에 따라 아래 〈그림〉과 같이 수정하시오. (각 2점)
    ※ 차트는 반드시 문제에서 제공한 차트를 사용하여야 하며, 신규로 작성 시 0점 처리됨
    ① '할인액' 계열과 '해치백' 요소가 제거되도록 데이터 범위를 수정하시오.
    ② '대여금액' 계열의 차트 종류를 '표식이 있는 꺾은선형'으로 변경하고, '보조 축'으로 지정하시오.
    ③ 차트 제목은 '차트 위', 기본 세로(값) 축 제목은 '기본 세로', 보조 세로(값) 축 제목은 '보조 세로'로 추가하여 〈그림〉과 같이 입력하시오.
    ④ 기본 세로(값) 축과 보조 세로(값) 축의 눈금 표시 단위를 '천'으로 지정한 후 텍스트 방향을 '가로'로 변경하시오.
    ⑤ '1일대여료' 계열에만 데이터 레이블 '값'을 표시하고, 레이블의 위치를 '바깥쪽 끝에'로 설정하시오.

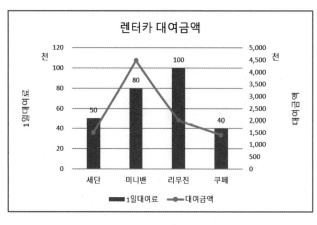

문제 1   기본작업

정답

02. 셀 서식

정답

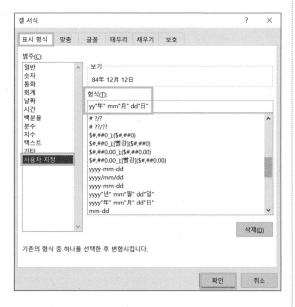

	성명	성별	가입년도	거주지역	생년월일	연락처
				등산 同好會 회원 현황		
	유지수	여	2018년	경기 수원시	84年 12月 12日	010-4004-1973
	이승우	남	2015년	경기 시흥시	89年 09月 04日	010-2990-8965
	배정승	남	2015년	경기 안산시	86年 12月 01日	010-6578-5178
	홍명성	남	2016년	경기 용인시	91年 01月 18日	010-9182-6378
	강유리	여	2015년	서울 강남구	89年 08月 19日	010-7212-4558
	정겨운	여	2014년	서울 노원구	86年 05月 12日	010-5748-9932
	안승서	남	2015년	서울 마포구	83年 06月 30日	010-9965-6998
	원태성	남	2016년	서울 서초구	91年 03月 25日	010-6314-6421
	김수정	여	2014년	서울 용산구	88年 08月 16日	010-3399-8800
	김현수	남	2017년	서울 은평구	93年 10月 15日	010-9004-6854
	무인기	남	2015년	인천 부평구	85年 07月 04日	010-7586-1865
	김성희	여	2017년	인천 연수구	90年 02月 26日	010-9685-5577

④ 사용자 지정 표시 형식

1. [F5:F16] 영역을 블록으로 지정한 후 Ctrl + 1을 누른다.
2. '셀 서식' 대화상자의 '표시 형식' 탭에서 범주와 형식을 그림과 같이 지정한 후 〈확인〉을 클릭한다.

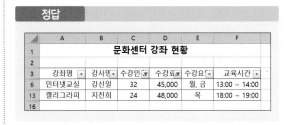

03. 사용자 지정 필터(자동 필터)

정답

	A	B	C	D	E	F
1			문화센터 강좌 현황			
3	강좌명	강사명	수강인	수강료	수강요	교육시간
6	인터넷교실	강신일	32	45,000	월, 금	13:00 ~ 14:00
13	캘리그라피	지진희	24	48,000	목	18:00 ~ 19:00

1. '수강인원'이 20명 이상인 조건을 지정하기 위해 데이터 영역(A3:F15)의 임의의 셀을 선택한 후 [데이터] → 정렬 및 필터 → **필터**를 클릭한다.
2. '수강인원' 필드의 자동 필터 목록 단추(▼)를 클릭한 후 [숫자 필터] → **사용자 지정 필터**를 선택한다.
3. '사용자 지정 자동 필터' 대화상자에서 그림과 같이 지정한 후 〈확인〉을 클릭한다.

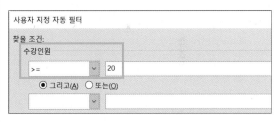

4. '수강료'가 50,000원 이하인 조건을 지정하기 위해 '수강료' 필드의 자동 필터 목록 단추(▼)를 클릭한 후 [숫자 필터] → **사용자 지정 필터**를 선택한다.
5. '사용자 지정 자동 필터' 대화상자에서 그림과 같이 지정한 후 〈확인〉을 클릭한다.

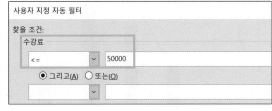

01. 수상여부

정답

	A	B	C	D	E
1	[표1]	미술경시대회 결과			수상여부
2	응시번호	창작	기술	총점	수상여부
3	Art-1001	33	27	60	
4	Art-1002	38	41	79	
5	Art-1003	46	39	85	은상
6	Art-1004	45	48	93	금상
7	Art-1005	49	49	98	대상
8	Art-1006	42	37	79	
9	Art-1007	36	41	77	
10	Art-1008	38	43	81	동상
11	Art-1009	29	30	59	
12	Art-1010	31	35	66	

[E3] : =IF(RANK.EQ(D3, $D$3:$D$12)<=4, CHOOSE(RANK.EQ(D3, $D$3:$D$12), "대상", "금상", "은상", "동상"), "")

CHOOSE(인수, 첫 번째, 두 번째, …)는 '인수'가 1이면 '첫 번째'를, '인수'가 2이면 '두 번째'를, …, '인수'가 n이면 'n번째'를 반환하는 함수입니다. 이 문제에서 IF문을 사용하지 않으면 '인수'인 총점의 순위는 1~10위까지이므로 5~10번째에는 다음과 같이 모두 공백(" ")을 입력해야 합니다.
=CHOOSE(RANK.EQ(D3, $D$3:$D$12), "대상", "금상", "은상", "동상", " ", " ", " ", " ", " ", " ")

02. 가장 빠른 시간

정답

	G	H	I	J
1	[표2]	튼튼마라톤 대회결과		가장 빠른 시간
2	참가번호	성별	시간	가장 빠른 시간
3	50135	여자	2:57:17	2시간32분59초
4	50142	남자	2:39:03	
5	50168	여자	3:25:41	
6	50216	남자	2:55:15	
7	50248	남자	2:32:59	
8	50274	남자	2:49:48	
9	50324	여자	2:39:37	
10	50356	남자	3:04:11	
11	50388	여자	3:43:29	
12	50421	여자	3:11:58	

03. 승률이 가장 높은 아이디

정답

	A	B	C	D	E
14	[표3]	게임기록			
15	승리	패	아이디		
16	246	154	척척박사		
17	351	49	레이나		
18	138	262	금토끼		
19	98	302	제우스		
20	127	273	이카루스		
21	278	122	정복자		
22	337	63	검은망토	승률이 가장 높은 아이디	
23	122	278	프로토콜	레이나	

[D23] : =VLOOKUP(LARGE(A16:A23, 1), A16:C23, 3, FALSE)

04. 액션이 400 이상인 누적관객수 평균

정답

	G	H	I	J
14	[표4]	영화 박스오피스		(단위 : 백만명)
15	영화명	장르	개봉일	누적관객수
16	블루아담	액션	3월 3일	406
17	컴백오피스	코미디	3월 3일	596
18	외계인	액션	3월 3일	364
19	정직한직원	코미디	3월 3일	685
20	육칠오	코미디	3월 10일	431
21	범죄시티	액션	3월 10일	695
22	메모리얼	액션	3월 10일	496
23	액션이 400 이상인 누적관객수 평균			532.4

[J23] : =ROUNDUP(AVERAGEIFS(J16:J22, H16:H22, "액션", J16:J22, ">=400"), 1)

[J3] : =HOUR(SMALL(I3:I12, 1)) & "시간" & MINUTE(SMALL(I3:I12, 1)) & "분" & SECOND(SMALL(I3:I12, 1)) & "초"

05. 프린터 평균 판매액

	A	B	C	D	E	F	G	H
25	[표5]	지점별 제품 판매 현황						
26	지점명	제품명	판매가	판매량	총판매액			
27	안산점	프린터	120,000	81	9,720,000			
28	안산점	스캐너	150,000	65	9,750,000			
29	마포점	프린터	120,000	54	6,480,000			
30	마포점	스캐너	150,000	37	5,550,000			
31	마포점	모니터	160,000	92	14,720,000			
32	연수점	프린터	120,000	37	4,440,000			
33	연수점	스캐너	150,000	68	10,200,000		프린터 평균 판매액	
34	연수점	모니터	160,000	54	8,640,000			6,880,000

[G34] : =SUMIF(B27:B34, "프린터", E27:E34) / COUNTIF(B27:B34, "프린터")

 문제 3 분석작업

01. 시나리오

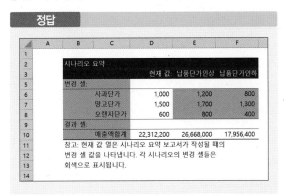

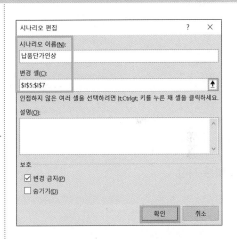

1. [I5] 셀을 클릭한 후 이름 상자에 **사과단가**를 입력하고 Enter를 누른다.

2. 동일한 방법으로 [I6] 셀을 **망고단가**, [I7] 셀을 **오렌지단 가**, [F19] 셀을 **매출액합계**로 이름을 정의한다.

3. [데이터] → 예측 → 가상 분석 → **시나리오 관리자**를 선택한다.

4. '시나리오 관리자' 대화상자에서 〈추가〉를 클릭한다.

5. '시나리오 추가' 대화상자에서 시나리오 이름에 **납품단가 인상**, 변경 셀에 [I5:I7] 영역을 지정한 후 〈확인〉을 클릭한다.

6. '시나리오 값' 대화상자의 변경될 값에 1200, 1700, 800 을 차례로 입력한 후 〈추가〉를 클릭한다.

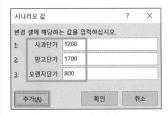

7. '시나리오 추가' 대화상자의 시나리오 이름에 **납품단가인 하**, 변경 셀에 [I5:I7] 영역을 지정한 후 〈확인〉을 클릭한다.

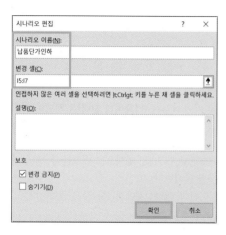

8. '시나리오 값' 대화상자의 변경될 값에 800, 1300, 400을 차례로 입력한 후 〈확인〉을 클릭한다.

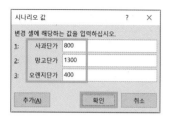

9. '시나리오 관리자' 대화상자에서 〈요약〉을 클릭한다.
10. '시나리오 요약' 대화상자에서 보고서 종류는 '시나리오 요약', 결과 셀은 [F19] 셀로 지정한 후 〈확인〉을 클릭한다.

11. '시나리오 요약' 시트를 선택한 후 '분석작업-1' 시트 뒤쪽으로 드래그한다.

02. 통합

정답

	G	H	I	J
1	**[표4] 1/4분기 원자재 수입 현황**			
2	원자재명	수입량	수입가	수입총액
3	원유	1,250	3,000	1,250,000
4	석탄	990	1,800	594,000
5	철광석	1,350	3,300	1,485,000
6	고무	920	2,400	736,000
7	원목	1,250	2,250	937,500
8				

1. [G2:J7] 영역을 블록으로 지정한 후 [데이터] → 데이터 도구 → **통합**을 클릭한다.
2. '통합' 대화상자에서 함수, 참조 범위, 사용할 레이블을 그림과 같이 지정한 후 〈확인〉을 클릭한다.

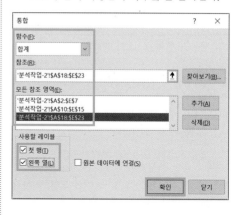

기출유형 08회 **147**

01. 매크로

정답

	A	B	C	D	E	F	G
1	교육기관별 평균 에너지 소비량						
2				(단위: TOE/년)			
3	지역	초등학교	중학교	고등학교		평균	
4	서울	2,004.0	1,880.6	2,162.0			
5	경기	1,947.3	1,852.2	2,026.2			
6	부산	1,879.4	2,041.0	1,996.6		소수	
7	대전	1,988.0	1,880.6	2,016.4			
8	광주	1,868.3	1,938.6	1,885.6			
9	제주	1,762.2	1,709.1	1,726.4			
10	대구	1,890.5	1,828.8	1,872.0			
11	평균	1,905.6	1,875.9	1,955.0			
12							

1 '평균' 매크로

1. [개발 도구] → 컨트롤 → 삽입 → 양식 컨트롤 → **단추 (□)**를 선택한 후 [F3:G4] 영역에 맞게 드래그한다.
2. '매크로 지정' 대화상자의 매크로 이름에 **평균**을 입력한 후 〈기록〉을 클릭한다.
3. '매크로 기록' 대화상자에서 〈확인〉을 클릭한다.
4. [B11] 셀을 클릭하고 **=AVERAGE(B4:B10)**을 입력한 후 Enter를 누른다.
5. [B11] 셀의 채우기 핸들을 [D11] 셀까지 드래그하여 수식을 복사한다.
6. 임의의 셀을 클릭한 후 [개발 도구] → 코드 → **기록 중 지**를 클릭한다.
7. 단추의 바로 가기 메뉴에서 [**텍스트 편집**]을 선택한 후 입력된 내용을 **평균**으로 수정한다.

2 '소수' 매크로

1. [삽입] → 일러스트레이션 → 도형 → 기본 도형 → **사각 형: 빗면(▱)**을 선택한 후 [F6:G7] 영역에 맞게 드래그 한다.
2. 도형의 바로 가기 메뉴에서 [**매크로 지정**]을 선택한다.
3. '매크로 지정' 대화상자의 매크로 이름에 **소수**를 입력한 후 〈기록〉을 클릭한다.
4. '매크로 기록' 대화상자에서 〈확인〉을 클릭한다.
5. [B4:D11] 영역을 블록으로 지정한 후 [홈] → 표시 형식 → 🔢(자릿수 줄임)을 2번 클릭한다.
6. 임의의 셀을 클릭한 후 [개발 도구] → 코드 → **기록 중 지**를 클릭한다.
7. 도형의 바로 가기 메뉴에서 [**텍스트 편집**]을 선택한 후 **소수**로 입력한다.

02. 차트

1 데이터 범위 추가

1. 차트의 바로 가기 메뉴에서 [**데이터 선택**]을 선택한다.
2. '데이터 원본 선택' 대화상자에서 '차트 데이터 범위'의 범위 지정 단추(⬆)를 클릭하고 데이터 범위를 [A3:B5], [A7:B8], [E3:E5], [E7:E8] 영역으로 변경한 후 범위 지정 단추(⬇)를 클릭한다.
3. '데이터 원본 선택' 대화상자에서 〈확인〉을 클릭한다.

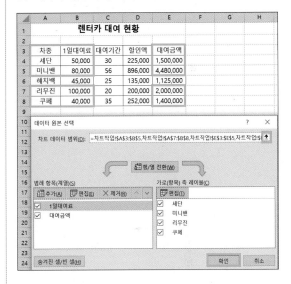

2 차트 종류 변경 및 보조 축 지정

1. '대여금액' 계열의 바로 가기 메뉴에서 [**계열 차트 종류 변경**]을 선택한다.
2. '차트 종류 변경' 대화상자의 '혼합' 탭에서 '대여금액' 계 열의 '차트 종류'를 '표식이 있는 꺾은선형'으로 선택하 고, '보조 축'에 체크 표시를 한 후 〈확인〉을 클릭한다.

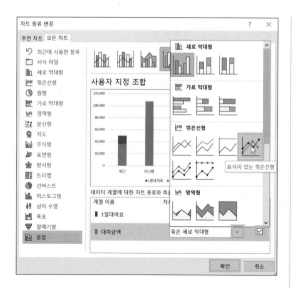

④ 축 표시 단위 지정

1. 세로(값) 축의 바로 가기 메뉴에서 **[축 서식]**을 선택한다.
2. '축 서식' 창에서 [축 옵션] → 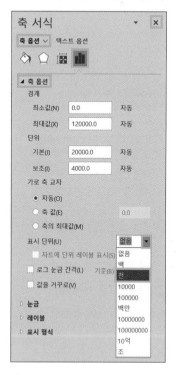 (축 옵션) → 축 옵션 → 표시 단위 → **천**을 선택한 후 '닫기(✖)'를 클릭한다.

3. 표시 단위(천)의 바로 가기 메뉴에서 **[표시 단위 서식]**을 선택한다.
4. '표시 단위 레이블 서식' 창에서 [레이블 옵션] → 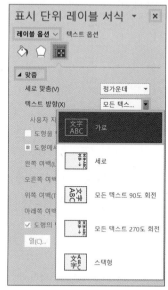(크기 및 속성) → 맞춤 → 텍스트 방향 → **가로**를 선택한 후 '닫기(✖)'를 클릭한다.

5. 동일한 방법으로 보조 세로(값) 축의 눈금 표시 단위를 **천**으로, 텍스트 방향을 '가로'로 지정한다.

⑤ 데이터 레이블 추가

'1일대여료' 계열을 선택한 후 바로 가기 메뉴에서 **[데이터 레이블 추가]**를 선택한다.

2024년 컴퓨터활용능력 2급 실기

기출문제

프로그램명	제한시간
EXCEL 2021	40분

수험번호 :

성명 :

2급

〈 유 의 사 항 〉

- 인적 사항 누락 및 잘못 작성으로 인한 불이익은 수험자 책임으로 합니다.
- 화면에 암호 입력창이 나타나면 아래의 암호를 입력하여야 합니다.
  - **암호 : 6348&1**
- 작성된 답안은 주어진 경로 및 파일명을 변경하지 마시고 그대로 저장해야 합니다.
  이를 준수하지 않으면 실격 처리됩니다.
  - **답안 파일명의 예 : C:\OA\수험번호8자리.xlsm**
- **외부 데이터 위치 : C:\OA\파일명**
- 별도의 지시사항이 없는 경우, 다음과 같이 처리 시 실격 처리됩니다.
  - 제시된 시트 및 개체의 순서나 이름을 임의로 변경한 경우
  - 제시된 시트 및 개체를 임의로 추가 또는 삭제한 경우
  - 외부 데이터를 시험 시작 전에 열어본 경우
- 답안은 반드시 문제에서 지시 또는 요구한 셀에 입력하여야 하며, 다음과 같이 처리 시 채점 대상에서 제외됩니다.
  - 제시된 함수가 있을 경우 제시된 함수만을 사용하여야 하며 그 외 함수 사용 시 채점 대상에서 제외
  - 수험자가 임의로 지시하지 않은 셀의 이동, 수정, 삭제, 변경 등으로 인해 셀의 위치 및 내용이 변경된 경우 해당 작업에 영향을 미치는 관련문제 모두 채점 대상에서 제외
  - 도형 및 차트의 개체가 중첩되어 있거나 동일한 계산결과 시트가 복수로 존재할 경우 해당 개체나 시트는 채점 대상에서 제외
- 수식 작성 시 제시된 문제 파일의 데이터는 변경 가능한(가변적) 데이터임을 감안하여 문제 풀이를 하시오.
- 별도의 지시사항이 없는 경우, 주어진 각 시트 및 개체의 설정값 또는 기본 설정값(Default)으로 처리하시오.
- 저장 시간은 별도로 주어지지 않으므로 제한된 시간 내에 저장을 완료해야 하며, 제한 시간 내에 저장이 되지 않은 경우에는 실격 처리됩니다.
- 출제된 문제의 용어는 Microsoft Office 2021(LTSC 2108 버전) 기준으로 작성되어 있습니다.

대한상공회의소

기본작업(20점) 주어진 시트에서 다음 과정을 수행하고 저장하시오.

1. '기본작업-1' 시트에 다음의 자료를 주어진 대로 입력하시오. (5점)

	A	B	C	D	E	F
1	과일 경매가격표					
2						
3	품목	산지	출하일	상급	중급	하급
4	app-03	충청북도 충주	2023-03-11	40,000	30,000	25,000
5	wat-28	충청북도 맹동	2023-03-12	55,000	50,000	40,000
6	mel-71	경상북도 상주	2023-03-14	40,000	35,000	30,000
7	per-94	경상북도 청도	2023-03-15	28,000	25,000	20,000
8	tom-10	경상남도 사천	2023-03-16	22,000	20,000	18,000
9	str-38	충청남도 논산	2023-03-17	18,000	15,000	12,000
10						

2. '기본작업-2' 시트에 대하여 다음의 지시사항을 처리하시오. (각 2점)

① [A1:G1] 영역은 '병합하고 가운데 맞춤', 글꼴 '궁서체', 크기 20, 글꼴 스타일 '굵게', 밑줄 '실선'으로 지정하시오.

② 제목의 앞뒤에 특수 문자 "♣"를 삽입하고, [A4:A6], [A7:A9], [A10:A12], [A13:A15] 영역은 '병합하고 가운데 맞춤'을 지정하시오.

③ [A3:G3] 영역은 '가로 균등 분할', 글꼴 색 '표준 색 – 빨강', 채우기 색 '표준 색 – 노랑'으로 지정하시오.

④ [G4:G15] 영역은 사용자 지정 표시 형식을 이용하여 1,000의 배수로 표시하고, 1000 단위 구분 기호와 숫자 뒤에 "천원"을 [표시 예]와 같이 표시하시오.
[표시 예 : 1000000 → 1,000천원, 400 → 0천원]

⑤ [A3:G15] 영역은 '모든 테두리(⊞)'를 적용하고, [A3:G3] 영역은 '아래쪽 이중 테두리(⊞)'를 적용하여 표시하시오.

3. '기본작업-3' 시트에서 다음의 지시사항을 처리하시오. (5점)

[B3:B15] 영역의 데이터를 텍스트 나누기를 실행하여 나타내시오.

▶ 데이터는 쉼표(,)로 구분되어 있음

▶ '구분', '직원수' 열은 제외할 것

계산작업(40점) '계산작업' 시트에서 다음 과정을 수행하고 저장하시오.

1. [표1]에서 판매액[D3:D11]과 주문량[B3:B11]을 이용하여 할인액[E3:E11]을 계산하시오. (8점)

▶ 할인액 = 판매액 × 할인율

▶ 할인율은 주문량이 300 이상이면 18%, 200 이상 300 미만이면 13%, 200 미만 이면 7%로 계산

▶ 할인액은 백의 자리에서 내림하여 천의 자리까지 표시

[표시 예 : 1,234 → 1,000]

▶ IF, ROUNDDOWN 함수 사용

2. [표2]에서 성별[H3:H10]이 "여"인 사원들의 총점[L3:L10] 평균을 [L11] 셀에 계산하시오. (8점)

▶ 평균 점수는 반올림없이 정수로 표시

▶ TRUNC, AVERAGEIF 함수 사용

3. [표3]에서 점수[D15:D24]의 표준편차를 반올림하여 소수점 이하 첫째 자리까지 [E24] 셀에 계산하시오. (8점)

▶ STDEV.S, ROUND 함수 사용

4. [표4]에서 성별[H15:H24]이 "여"인 학생의 가장 큰 평균과 성별이 "남"인 학생의 가장 큰 평균 차이를 절대값으로 [L24] 셀에 계산하시오. (8점)

▶ 조건은 [L20:L21] 영역에 입력하시오.

▶ ABS, DMAX 함수 이용

5. [표5]에서 평가점수를 100으로 나눈 나머지와 평가점수표[G33:I37]를 이용하여 평가 [E28:E37]에 "▣"를 표시하시오. (8점)

▶ 평가점수 : 판매량 − 재고량

▶ VLOOKUP, MOD 함수 사용

문제 3   **분석작업(20점)** 주어진 시트에서 다음 작업을 수행하고 저장하시오.

1. '분석작업-1' 시트에 대하여 다음의 지시사항을 처리하시오. (10점)

[피벗 테이블] 기능을 이용하여 '주류 출고 현황' 표의 출고지역은 '필터', 출고일은 '행', 주류명은 '열'로 처리하고, '값'에 총액의 합계를 계산하시오.

▶ 피벗 테이블 보고서는 동일 시트의 [A21] 셀에서 시작하시오.

▶ 피벗 테이블 보고서는 행 및 열의 총합계를 해제하시오.

▶ 출고일은 '월' 단위로 그룹을 지정하시오.

▶ 현재 시트에 "와인"은 제외하고 표시하시오.

2. '분석작업-2' 시트에 대하여 다음의 지시사항을 처리하시오. (10점)

[목표값 찾기] 기능을 이용하여 '상공영화관 예매 현황' 표에서 '포데이즈'의 총예매액[H7]이 6,000,000이 되려면 일반 예매량[E7]이 얼마가 되어야 하는지 계산하시오.

1. '매크로작업' 시트의 [표]에서 다음과 같은 기능을 수행하는 매크로를 현재 통합 문서에
   작성하고 실행하시오. (각 5점)

   ① [B11:F11] 영역에 각 항목별 합계를 계산하는 매크로를 생성하여 실행하시오.
      ▶ 매크로 이름 : 합계
      ▶ SUM 함수 사용
      ▶ [개발 도구] → [컨트롤] → [삽입] → [양식 컨트롤]의 '단추(□)'를 동일 시트
        의 [C13:D14] 영역에 생성하고, 텍스트를 "합계"로 입력한 후 단추를 클릭할
        때 '합계' 매크로가 실행되도록 설정하시오.
   ② [B4:F11] 영역에 '쉼표 스타일(,)'을 지정하는 매크로를 생성하여 실행하시오.
      ▶ 매크로 이름 : 쉼표
      ▶ [삽입] → [일러스트레이션] → [도형] → [사각형]의 '사각형: 둥근 모서리
        (□)'를 동일 시트의 [F13:F14] 영역에 생성하고, 텍스트를 "쉼표"로 입력한
        후 도형을 클릭할 때 '쉼표' 매크로가 실행되도록 설정하시오.
   ※ 셀 포인터의 위치에 상관없이 현재 통합 문서에서 매크로가 실행되어야 정답으로 인정됨

2. '차트작업' 시트의 차트를 지시사항에 따라 아래 〈그림〉과 같이 수정하시오. (각 2점)

   ※ 차트는 반드시 문제에서 제공한 차트를 사용하여야 하며, 신규로 작성 시 0점 처리됨
   ① 성별이 "여"인 학생들의 키만 표시되도록 데이터 범위를 수정하고, 차트 종류를
      '3차원 원형'으로 변경하시오.
   ② 차트 제목은 '차트 위'로 추가하여 〈그림〉과 같이 입력하고, 글꼴 '돋움체', 크기
      16, 글꼴 색 '흰색, 배경 1', 채우기 색 '표준 색 – 녹색'으로 지정하시오.
   ③ 데이터 계열의 '첫째 조각의 각'을 20도로 지정하시오.
   ④ 데이터 계열에 데이터 레이블 '값'과 '항목 이름'을 표시하고, 레이블의 위치를
      '안쪽 끝에'로 지정하시오.
   ⑤ 차트 영역은 테두리에 그림자 '오프셋: 오른쪽 아래'를 설정하고, '둥근 모서리'
      로 지정하시오.

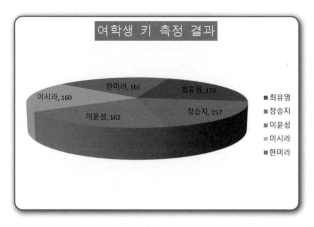

문제 1 기본작업 정답

02. 셀 서식

정답

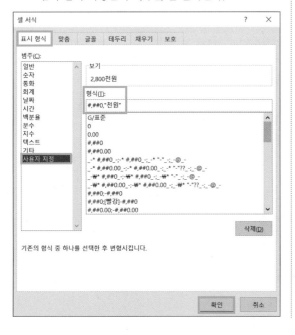

	A	B	C	D	E	F	G
1	♣상공전자 사원 관리 현황♣						
2							
3	부 서 명	성 명	성 별	직 위	입사년도	거주지역	기 본 급
4	개발부	박시현	여	과장	2013년	서울마포	2,800천원
5		채용식	남	대리	2016년	경기용인	2,400천원
6		이개성	남	사원	2018년	인천부평	2,000천원
7	총무부	한가운	여	과장	2014년	서울용산	2,800천원
8		김유천	남	대리	2015년	서울서초	2,400천원
9		설운동	남	사원	2018년	경기안산	2,000천원
10	생산부	송해교	여	과장	2014년	서울강남	2,800천원
11		강현빈	남	대리	2016년	서울강동	2,400천원
12		이연이	여	사원	2020년	인천계양	2,000천원
13	홍보부	전지연	여	부장	2012년	경기성남	3,200천원
14		김성철	남	대리	2017년	서울노원	2,400천원
15		윤채민	남	사원	2019년	경기수원	2,000천원
16							

④ 사용자 지정 표시 형식

1. [G4:G15] 영역을 블록으로 지정한 후 Ctrl + 1 을 누른다.
2. '셀 서식' 대화상자의 '표시 형식' 탭에서 범주와 형식을 그림과 같이 지정한 후 〈확인〉을 클릭한다.

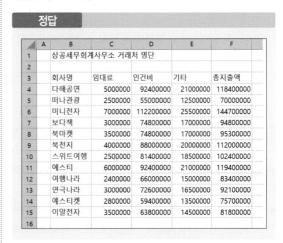

03. 텍스트 나누기

정답

	A	B	C	D	E	F
1		상공세무회계사무소 거래처 명단				
2						
3		회사명	임대료	인건비	기타	총지출액
4		다해공연	5000000	92400000	21000000	118400000
5		떠나관광	2500000	55000000	12500000	70000000
6		미니전자	7000000	112200000	25500000	144700000
7		보다책	3000000	74800000	17000000	94800000
8		북마켓	3500000	74800000	17000000	95300000
9		북천지	4000000	88000000	20000000	112000000
10		스위트여행	2500000	81400000	18500000	102400000
11		에스티	6000000	92400000	21000000	119400000
12		여행나라	2400000	66000000	15000000	83400000
13		연극나라	3000000	72600000	16500000	92100000
14		예스티켓	2800000	59400000	13500000	75700000
15		이알전자	3500000	63800000	14500000	81800000
16						

1. [B3:B15] 영역을 블록으로 지정한 후 [데이터] → 데이터 도구 → **텍스트 나누기**를 클릭한다.
2. '텍스트 마법사 1단계' 대화상자에서 '원본 데이터 형식'을 '구분 기호로 분리됨'으로 선택한 후 〈다음〉을 클릭한다.
3. '텍스트 마법사 2단계' 대화상자에서 구분 기호의 '탭'을 해제하고, '쉼표'를 선택한 후 〈다음〉을 클릭한다.

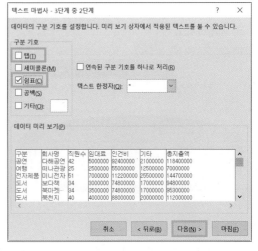

4. '텍스트 마법사 3단계' 대화상자에서 '구분' 열과 '직원
수' 열을 각각 클릭하고 '열 가져오지 않음(건너뜀)'을
선택한 후 〈마침〉을 클릭한다.

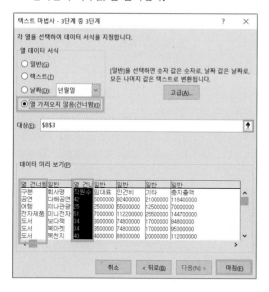

---

01. 할인액

정답

	A	B	C	D	E
1	[표1]	서점별 도서 주문 현황			
2	업체명	주문량	단가	판매액	할인액
3	대한서점	300	16,000	4,800,000	864,000
4	한강서점	250	16,000	4,000,000	520,000
5	서울서점	195	16,000	3,120,000	218,000
6	한국서점	300	16,000	4,800,000	864,000
7	보라서점	200	16,000	3,200,000	416,000
8	지원서점	240	16,000	3,840,000	499,000
9	도움서점	180	16,000	2,880,000	201,000
10	한방서점	330	16,000	5,280,000	950,000
11	영웅서점	280	16,000	4,480,000	582,000

[E3] : =ROUNDDOWN(D3 * IF(B3>=300, 18%,
IF(B3>=200, 13%, 7%)), −3)

02. 여사원의 총점 평균

정답

	G	H	I	J	K	L
1	[표2]	근무평가표				
2	사원코드	성별	업무수행	근태	책임감	총점
3	김진희	여	32	30	31	93
4	신유섭	남	24	13	20	57
5	허영심	여	18	24	19	61
6	황경수	남	26	28	24	78
7	이민영	여	28	26	28	82
8	안영호	남	31	32	30	93
9	서수민	여	30	30	31	91
10	강영진	남	24	28	26	78
11	여사원의 총점 평균					81

[L11] : =TRUNC(AVERAGEIF(H3:H10, "여", L3:L10))

03. 표준편차

	A	B	C	D	E
13	[표3]	사원별 승진 시험 결과			
14	사원명	부서명	직위	점수	
15	김시경	영업부	과장	86	
16	신승연	영업부	대리	78	
17	김건후	영업부	사원	91	
18	최민석	생산부	과장	85	
19	배슬기	생산부	대리	79	
20	이승완	생산부	대리	94	
21	김준우	생산부	사원	83	
22	류시연	기획부	과장	75	
23	박경인	기획부	대리	68	표준편차
24	강기리	기획부	사원	92	8.2

[E24] : =ROUND(STDEV.S(D15:D24), 1)

04. 최고평균차이

	G	H	I	J	K	L
13	[표4]	1학년 성적표				
14	성명	성별	중간고사	기말고사	평균	
15	황진주	여	91	95	93	
16	윤정민	남	82	88	85	
17	김민서	여	67	70	68.5	
18	서정식	남	82	80	81	
19	김철민	남	96	94	95	<조건>
20	박경선	여	81	86	83.5	성별
21	강근성	남	76	79	77.5	남
22	이상희	남	81	86	83.5	
23	김종숙	여	77	71	74	최고평균차이
24	이가영	여	94	92	93	2

[L24] : =ABS(DMAX(G14:K24, 5, H14:H15) − DMAX(G14:K24, 5, L20:L21))

05. 평가

	A	B	C	D	E	F	G	H	I
26	[표5]	지점별 매출 현황							
27	지점코드	판매량	재고량	매출액	평가				
28	K-S-01	135	65	2,200,000	▣▣▣▣				
29	K-B-02	142	58	2,300,000	▣▣▣▣▣				
30	K-G-01	99	51	1,600,000	▣▣▣				
31	K-S-02	108	92	1,800,000	▣		<평가점수표>		
32	K-D-01	176	24	2,900,000	▣▣▣		이상	미만	평가
33	K-G-02	128	72	2,100,000	▣		0	20	
34	K-D-02	89	61	1,500,000	▣▣		20	40	▣▣
35	K-B-02	112	66	1,800,000	▣▣		40	60	▣▣▣
36	K-G-03	138	62	2,300,000	▣▣▣▣		60	80	▣▣▣▣
37	K-S-03	166	34	2,700,000	▣▣		80	100	▣▣▣▣▣

[E28] : =VLOOKUP(MOD((B28−C28), 100), $G$33:
$I$37, 3)

01. 피벗 테이블

정답

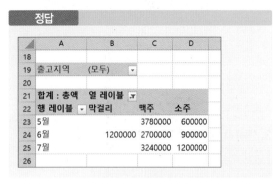

	A	B	C	D
18				
19	출고지역	(모두) ▼		
20				
21	합계 : 총액	열 레이블 ▼		
22	행 레이블 ▼	막걸리	맥주	소주
23	5월		3780000	600000
24	6월	1200000	2700000	900000
25	7월		3240000	1200000
26				

1. 데이터 영역(A3:F15)의 임의의 셀을 선택한 후 [삽입] → 표 → **피벗 테이블**()을 클릭한다.
2. '피벗 테이블 만들기' 대화상자에서 피벗 테이블을 넣을 위치를 '기존 워크시트', [A21] 셀로 지정한 후 〈확인〉을 클릭한다.
3. '피벗 테이블 필드' 창에서 그림과 같이 각 필드를 지정한다.

'행' 또는 '열' 영역에 날짜 형식의 필드(출고일)를 지정하면 해당 필드의 데이터에 따라 자동으로 '연', '분기', '월' 등의 필드가 생성되고 그룹이 자동으로 지정됩니다.

4. 피벗 테이블에서 임의의 셀을 선택한 후 [디자인] → 레이아웃 → 총합계 → **행 및 열의 총합계 해제**를 선택한다.

5. '출고일'이 표시된 임의의 셀(A23)의 바로 가기 메뉴에서 [그룹]을 선택한다.
6. '그룹화' 대화상자에서 '일'을 클릭하여 해제한 후 〈확인〉을 클릭한다.

'출고일'은 이미 '일'과 '월' 단위로 그룹이 지정되어 있습니다. 문제의 지시사항에 '출고일'은 '월' 단위로 그룹을 지정하라고 제시되어 있으므로 '그룹화' 대화상자에서 '일'을 해제하여 '월'만 지정해야 합니다.

7. 열 레이블(B21)의 목록 선택 단추(▼)를 클릭하여 나타나는 목록에서 '와인'이 제외되도록 지정한 후 〈확인〉을 클릭한다.

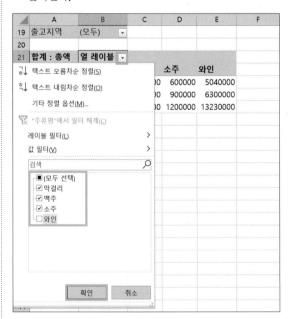

02. 목표값 찾기

정답

	A	B	C	D	E	F	G	H
1	상공영화관 예매 현황							
2								
3	영화명	금액			예매량			총예매액
4		일반	조조할인	카드할인	일반	조조할인	카드할인	
5	캡틴코리아	10,000	5,000	8,000	234	89	468	6,529,000
6	겨울왕사	10,000	5,000	8,000	286	101	627	8,381,000
7	포데이즈	10,000	5,000	8,000	208	88	435	6,000,000
8	백수건달	10,000	5,000	8,000	354	68	517	8,016,000
9	설국기차	10,000	5,000	8,000	315	93	634	8,687,000
10	더 테러 녹음	10,000	5,000	8,000	214	75	186	4,003,000
11	감시놈들	10,000	5,000	8,000	225	93	348	5,499,000
12	제국의 분할	10,000	5,000	8,000	298	85	356	6,253,000
13	7번방의 친구	10,000	5,000	8,000	438	73	459	8,417,000
14								

1. [데이터] → 예측 → 가상 분석 → **목표값 찾기**를 선택한다.
2. '목표값 찾기' 대화상자에서 수식 셀, 찾는 값, 값을 바꿀 셀을 그림과 같이 지정한 후 〈확인〉을 클릭한다.

3. '목표값 찾기 상태' 대화상자에서 〈확인〉을 클릭한다.

 문제 **4**   기타작업   정답

01. 매크로

정답

	A	B	C	D	E	F
1	가전제품 재고관리 현황					
2						
3	제품명	이월재고량	입고량	판매량	재고량	주문예정량
4	세탁기	51	1,200	1,054	197	1,200
5	냉장고	48	1,000	999	49	1,000
6	TV	102	1,500	1,578	24	1,600
7	에어컨	43	800	647	196	600
8	컴퓨터	62	2,000	2,043	19	2,200
9	진공청소기	48	1,800	1,762	86	1,800
10	전자레인지	52	1,600	1,429	223	1,500
11	합계	406	9,900	9,512	794	9,900
12						
13			합계			쉼표
14						
15						

❶ '합계' 매크로

1. [개발 도구] → 컨트롤 → 삽입 → 양식 컨트롤 → **단추**(□)를 선택한 후 [C13:D14] 영역에 맞게 드래그한다.
2. '매크로 지정' 대화상자의 매크로 이름에 **합계**를 입력한 후 〈기록〉을 클릭한다.
3. '매크로 기록' 대화상자에서 〈확인〉을 클릭한다.
4. [B11] 셀을 클릭하고 **=SUM(B4:B10)**을 입력한 후 Enter를 누른다.
5. [B11] 셀의 채우기 핸들을 [F11] 셀까지 드래그하여 수식을 복사한다.
6. 임의의 셀을 클릭한 후 [개발 도구] → 코드 → **기록 중지**를 클릭한다.

7. 단추의 바로 가기 메뉴에서 [**텍스트 편집**]을 선택한 후 입력된 내용을 **합계**로 수정한다.

❷ '쉼표' 매크로

1. [삽입] → 일러스트레이션 → 도형 → 사각형 → **사각형: 둥근 모서리**(□)를 선택한 후 [F13:F14] 영역에 맞게 드래그한다.
2. 도형의 바로 가기 메뉴에서 [**매크로 지정**]을 선택한다.
3. '매크로 지정' 대화상자의 매크로 이름에 **쉼표**를 입력한 후 〈기록〉을 클릭한다.
4. '매크로 기록' 대화상자에서 〈확인〉을 클릭한다.
5. [B4:F11] 영역을 블록으로 지정한 후 [홈] → 표시 형식 → **❾**(쉼표 스타일)을 클릭한다.
6. 임의의 셀을 클릭한 후 [개발 도구] → 코드 → **기록 중지**를 클릭한다.
7. 도형의 바로 가기 메뉴에서 [**텍스트 편집**]을 선택한 후 **쉼표**를 입력한다.

02. 차트

❶ 데이터 범위 변경

1. 차트의 바로 가기 메뉴에서 [**데이터 선택**]을 선택한다.
2. '데이터 원본 선택' 대화상자에서 '차트 데이터 범위'의 범위 지정 단추(🔼)를 클릭하고 데이터 범위를 [A3:A4], [A6], [A8:A9], [A12], [C3:C4], [C6], [C8:C9], [C12] 영역으로 변경한 후 범위 지정 단추(🔳)를 클릭한다.
3. '데이터 원본 선택' 대화상자에서 〈확인〉을 클릭한다.

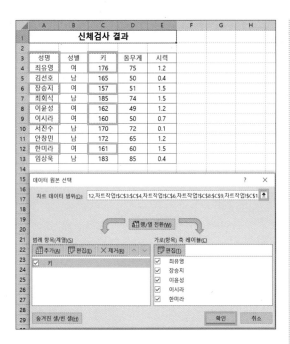

	A	B	C	D	E	F	G	H
1		신체검사 결과						
2								
3	성명	성별	키	몸무게	시력			
4	최유영	여	176	75	1.2			
5	김선호	남	165	50	0.4			
6	장승지	여	157	51	1.5			
7	최회식	남	185	74	1.5			
8	이윤성	여	162	49	1.2			
9	이사라	여	160	50	0.7			
10	서진수	남	170	72	0.1			
11	안창민	남	172	65	1.2			
12	한미라	여	161	60	1.5			
13	임상욱	남	183	85	0.4			
14								

데이터 원본 선택

차트 데이터 범위(D): 12,차트작업!$C$3:$C$4,차트작업!$C$6,차트작업!$C$8:$C$9,차트작업!$C$1

행/열 전환(W)

범례 항목(계열)(S)
- ✓ 키

가로(항목) 축 레이블(C)
- ✓ 최유영
- ✓ 장승지
- ✓ 이윤성
- ✓ 이사라
- ✓ 한미라

숨겨진 셀/빈 셀(H)   확인   취소

③ 첫째 조각의 각 지정

1. 데이터 계열의 바로 가기 메뉴에서 [**데이터 계열 서식**]을 선택한다.

2. '데이터 계열 서식' 창에서 [계열 옵션] → (계열 옵션) → 계열 옵션 → **첫째 조각의 각**을 **20**으로 지정한 후 '닫기(X)'를 클릭한다.

데이터 계열 서식

계열 옵션 ∨

▲ 계열 옵션

첫째 조각의 각(A)   20°

쪼개진 원형(X)   0%

④ 데이터 레이블 표시

1. 데이터 계열을 선택한 후 [차트 디자인] → 차트 레이아웃 → 차트 요소 추가 → 데이터 레이블 → **기타 데이터 레이블 옵션**을 선택한다.

2. '데이터 레이블 서식' 창의 [레이블 옵션] → (레이블 옵션) → **레이블 옵션**에서 레이블 내용의 '**항목 이름**'과 '**값**'을 선택하고, 레이블 위치를 '**안쪽 끝에**'로 선택한 후 '닫기(X)'를 클릭한다.

데이터 레이블 서식

레이블 옵션 ∨   텍스트 옵션

▲ 레이블 옵션
레이블 내용
- ☐ 셀 값(F)
- ☐ 계열 이름(S)
- ✓ 항목 이름(G)
- ✓ 값(V)
- ☐ 백분율(P)
- ✓ 지시선 표시(H)
- ☐ 범례 표지(L)

구분 기호(E)

레이블 텍스트 원래대로(R)

레이블 위치
- ○ 가운데(C)
- ● 안쪽 끝에(I)
- ○ 바깥쪽 끝에(O)
- ○ 자동 맞춤(F)

2024년 컴퓨터활용능력 2급 실기

프로그램명	제한시간
EXCEL 2021	40분

수험번호 :

성명 :

2급

〈유 의 사 항〉

- 인적 사항 누락 및 잘못 작성으로 인한 불이익은 수험자 책임으로 합니다.
- 화면에 암호 입력창이 나타나면 아래의 암호를 입력하여야 합니다.
  - **암호 : 8010&3**
- 작성된 답안은 주어진 경로 및 파일명을 변경하지 마시고 그대로 저장해야 합니다. 이를 준수하지 않으면 실격 처리됩니다.
  - **답안 파일명의 예 : C:\OA\수험번호8자리.xlsm**
- **외부 데이터 위치 : C:\OA\파일명**
- 별도의 지시사항이 없는 경우, 다음과 같이 처리 시 실격 처리됩니다.
  - 제시된 시트 및 개체의 순서나 이름을 임의로 변경한 경우
  - 제시된 시트 및 개체를 임의로 추가 또는 삭제한 경우
  - 외부 데이터를 시험 시작 전에 열어본 경우
- 답안은 반드시 문제에서 지시 또는 요구한 셀에 입력하여야 하며, 다음과 같이 처리 시 채점 대상에서 제외됩니다.
  - 제시된 함수가 있을 경우 제시된 함수만을 사용하여야 하며 그 외 함수 사용 시 채점 대상에서 제외
  - 수험자가 임의로 지시하지 않은 셀의 이동, 수정, 삭제, 변경 등으로 인해 셀의 위치 및 내용이 변경된 경우 해당 작업에 영향을 미치는 관련문제 모두 채점 대상에서 제외
  - 도형 및 차트의 개체가 중첩되어 있거나 동일한 계산결과 시트가 복수로 존재할 경우 해당 개체나 시트는 채점 대상에서 제외
- 수식 작성 시 제시된 문제 파일의 데이터는 변경 가능한(가변적) 데이터임을 감안하여 문제 풀이를 하시오.
- 별도의 지시사항이 없는 경우, 주어진 각 시트 및 개체의 설정값 또는 기본 설정값(Default)으로 처리하시오.
- 저장 시간은 별도로 주어지지 않으므로 제한된 시간 내에 저장을 완료해야 하며, 제한 시간 내에 저장이 되지 않은 경우에는 실격 처리됩니다.
- 출제된 문제의 용어는 Microsoft Office 2021(LTSC 2108 버전) 기준으로 작성되어 있습니다.

대한상공회의소

기본작업(20점) 주어진 시트에서 다음 과정을 수행하고 저장하시오.

1. '기본작업-1' 시트에 다음의 자료를 주어진 대로 입력하시오. (5점)

	A	B	C	D	E
1	거래처 연락처 현황				
2					
3	거래처명	대표자명	업태명	연락처	지역
4	Hanaro통신	김광속	정보서비스	031-3524-9821	경기 안산
5	한국출판사	도서인	출판인쇄	02-5588-9865	서울 마포
6	Totalbank	왕대출	금융	031-6247-8547	경기 수원
7	Global유통시스템	이태배	유통업	031-648-2551	경기 안산
8	삼신회계사무소	장부장	회계	02-3478-6547	서울 용산
9	로미Electronic	전자성	전자	02-357-9814	서울 마포
10					

2. '기본작업-2' 시트에 대하여 다음의 지시사항을 처리하시오. (각 2점)

① [B1:G1] 영역은 '선택 영역의 가운데로', 글꼴 '돋움체', 크기 18, 글꼴 스타일 '굵게'로 지정하시오.

② [B4:B5], [B6:B7], [B8:B9], [B10:B11], [B12:B13] 영역은 '병합하고 가운데 맞춤'을 지정하고, [B3:G3] 영역은 셀 스타일 '파랑, 강조색1'로 지정하시오.

③ [G2] 셀은 표시 형식을 '간단한 날짜'로, [G4:G13] 영역은 표시 형식을 '통화'로 지정하시오.

④ [F4:F13] 영역은 사용자 지정 표시 형식을 이용하여 숫자 앞에 "*"을, 숫자 뒤에 "시간"을 [표시 예]와 같이 표시하시오. [표시 예 : 3 → *3시간, 0 → *0시간]

⑤ [B3:G13] 영역은 '모든 테두리(⊞)'를 적용한 후 '굵은 바깥쪽 테두리(⊡)'를 적용하여 표시하시오.

3. '기본작업-3' 시트에서 다음의 지시사항을 처리하시오. (5점)

'건강검진 결과' 표에서 성별이 '남'이면서 키가 평균 키 이상인 데이터의 '성명', '성별', '키', '몸무게', '혈액형'만을 고급 필터를 사용하여 검색하시오.

▶ AVERAGE 함수 사용

▶ 고급 필터 조건은 [A16:D18] 범위 내에 알맞게 입력하시오.

▶ 고급 필터 결과 복사 위치는 동일 시트의 [A20] 셀에서 시작하시오.

계산작업(40점) '계산작업' 시트에서 다음 과정을 수행하고 저장하시오.

1. [표1]에서 입차시간[C3:C12]과 출차시간[D3:D12]을 이용하여 주차시간[E3:E12]을 계산하시오. (8점)

▶ 주차시간은 '출차시간 - 입차시간'으로 계산하되, '출차시간 - 입차시간'의 '분'이 30분을 초과한 경우 '출차시간 - 입차시간'의 '시'에 1을 더하시오.
[표시 예 : 주차시간이 3:00 → 3시간, 3:40 → 4시간]

▶ IF, HOUR, MINUTE 함수와 & 연산자 사용

2. [표2]에서 메일주소[J3:J12]에서 아이디만 추출하여 아이디[I3:I12]에 표시하시오. (8점)

   ▶ 아이디는 메일주소에서 "@" 앞의 문자열임
   ▶ MID, SEARCH 함수 사용

3. [표3]에서 독해[C16:C24]의 순위가 1~3위거나 회화[D16:D24]의 순위가 1~3위면 "통과"를, 그렇지 않으면 공백을 결과[E16:E24]에 표시하시오. (8점)

   ▶ 순위는 값이 가장 큰 것이 1위
   ▶ IF, OR, RANK.EQ 함수 사용

4. [표4]에서 국가[H16:H24]는 전체 문자를 대문자로, 수도[I16:I24]는 첫 문자만 대문자로 변환하여 국가/수도[J16:J24]에 표시하시오. (8점)

   ▶ 표시 예 : 국가 "korea", 수도 "seoul" → KOREA(Seoul)
   ▶ UPPER, PROPER 함수와 & 연산자 사용

5. [표5]에서 제품명[B28:B36], 판매가[C28:C36], 판매량[D28:D36], 할인율표[B39:D40]를 이용하여 할인액[E28:E36]을 계산하시오. (8점)

   ▶ 할인액 = 판매가 × 판매량 × 할인율(단, 제품명이 할인율표에 존재하지 않는 경우 할인율은 0%)
   ▶ HLOOKUP, IFERROR 함수 사용

문제 3   **분석작업(20점)** 주어진 시트에서 다음 작업을 수행하고 저장하시오.

1. '분석작업-1' 시트에 대하여 다음의 지시사항을 처리하시오. (10점)

   [시나리오 관리자] 기능을 이용하여 '4월 급여명세서' 표에서 국민연금율[F3], 건강보험율[F4], 고용보험율[F5]이 다음과 같이 변하는 경우 차감지급액[C19]의 변동 시나리오를 작성하시오.

   ▶ 셀 이름 정의 : [F3] 셀은 '국민연금', [F4] 셀은 '건강보험', [F5] 셀은 '고용보험', [C19] 셀은 '차감지급액'으로 정의하시오.
   ▶ 시나리오1 : 시나리오 이름은 '공제율인상', 국민연금율은 5%, 건강보험율은 3.5%, 고용보험율은 0.8%로 설정하시오.
   ▶ 시나리오2 : 시나리오 이름은 '공제율인하', 국민연금율은 4%, 건강보험율은 2.5%, 고용보험율은 0.2%로 설정하시오.
   ▶ 시나리오 요약 시트는 '분석작업-1' 시트의 바로 왼쪽에 위치해야 함
   ※ 시나리오 요약 보고서 작성 시 정답과 일치하여야 하며, 오자로 인한 부분 점수는 인정하지 않음

2. '분석작업-2' 시트에 대하여 다음의 지시사항을 처리하시오. (10점)

[부분합] 기능을 이용하여 '사원별 휴가 사용 현황' 표에 〈그림〉과 같이 성별별 '근무년수', '휴가일수', '사용일수'의 합계를 계산한 후 직위별 '근무년수', '휴가일수', '사용일수'의 평균을 계산하시오.

▶ 정렬은 첫째 기준 '성별', 둘째 기준 '직위'를 기준으로 오름차순으로 처리하시오.

▶ 합계와 평균은 위에 명시된 순서대로 처리하시오.

	A	B	C	D	E	F	G
1	사원별 휴가 사용 현황						
2							
3	사원명	성별	부서명	직위	근무년수	휴가일수	사용일수
4	박광희	남	영업부	과장	14	20	18
5	한민성	남	홍보부	과장	15	20	18
6				과장 평균	14.5	20	18
7	강영준	남	영업부	대리	4	16	11
8	박승우	남	생산부	대리	6	16	12
9	성우영	남	홍보부	대리	7	18	11
10	조정수	남	영업부	대리	8	18	16
11	최종현	남	생산부	대리	5	16	14
12				대리 평균	6	16.8	12.8
13	김영택	남	홍보부	사원	3	14	11
14	이동우	남	영업부	사원	2	14	13
15	이수협	남	생산부	사원	2	14	7
16				사원 평균	2.333333	14	10.33333
17		남 요약			66	166	131
18	고인송	여	생산부	과장	13	20	17
19	김은소	여	홍보부	과장	14	20	16
20	김지향	여	영업부	과장	16	22	13
21				과장 평균	14.33333	20.66667	15.33333
22	김은주	여	생산부	대리	1	15	11
23	안지희	여	홍보부	대리	6	16	12
24	유진녀	여	영업부	대리	5	16	15
25				대리 평균	4	15.66667	12.66667
26	박신영	여	생산부	사원	1	13	8
27	정은경	여	홍보부	사원	2	14	10
28				사원 평균	1.5	13.5	9
29		여 요약			58	136	102
30				전체 평균	6.888889	16.77778	12.94444
31		총합계			124	302	233
32							

1. '매크로작업' 시트의 [표]에서 다음과 같은 기능을 수행하는 매크로를 현재 통합 문서에
작성하고 실행하시오. (각 5점)

① [F4:F12] 영역에 판매이익을 계산하는 매크로를 생성하여 실행하시오.
  ▶ 매크로 이름 : 판매이익
  ▶ 판매이익 = 판매액 – 할인액
  ▶ [개발 도구] → [컨트롤] → [삽입] → [양식 컨트롤]의 '단추(□)'를 동일 시
    트의 [C14:C15] 영역에 생성하고, 텍스트를 "판매이익"으로 입력한 후 단추
    를 클릭할 때 '판매이익' 매크로가 실행되도록 설정하시오.
② [D4:D12] 영역에 '백분율 스타일(%)'을 지정하는 매크로를 생성하여 실행하
  시오.
  ▶ 매크로 이름 : 백분율
  ▶ [삽입] → [일러스트레이션] → [도형] → [기본 도형]의 '사각형: 빗면(▭)'을
    동일 시트의 [E14:E15] 영역에 생성하고, 텍스트를 "백분율"로 입력한 후 도
    형을 클릭할 때 '백분율' 매크로가 실행되도록 설정하시오.
※ 셀 포인터의 위치에 상관없이 현재 통합 문서에서 매크로가 실행되어야 정답으로 인정됨

2. '차트작업' 시트의 차트를 지시사항에 따라 아래 〈그림〉과 같이 수정하시오. (각 2점)
※ 차트는 반드시 문제에서 제공한 차트를 사용하여야 하며, 신규로 작성 시 0점 처리됨
① '합계' 계열과 '평균' 요소가 제거되도록 데이터 범위를 수정하시오.
② 차트의 종류를 '묶은 세로 막대형'으로 변경하시오.
③ 차트 제목은 '차트 위'로 지정한 후 [A1] 셀과 연동되도록 설정하시오.
④ 세로(값) 축의 기본 단위와 가로 축 교차를 10으로 지정하고, 세로(값) 축을 〈그림〉
  과 같이 오른쪽에 위치시키시오.
⑤ '금' 계열 중 '경기도' 요소에 데이터 레이블 '값'을 표시하고, 레이블의 위치를
  '바깥쪽 끝에'로, 채우기 색을 '표준 색 – 노랑'으로 지정하시오.

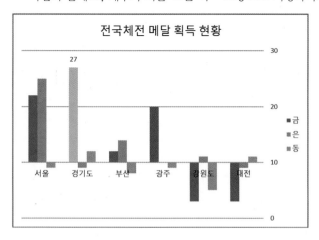

문제 1 | 기본작업 | 정답

02. 셀 서식

정답

	A	B	C	D	E	F	G
1			컴퓨터 학원 수강등록 현황				
2						마감일 :	2023-05-10
3		과목	수강요일	강사명	수강기간	수강시간	수강료
4		정보처리	월,수,금	서진화	25일(75시간)	*3시간	₩200,000
5			화, 목	유성진	30일(60시간)	*3시간	₩170,000
6		워드	월,수,금	남성미	20일(40시간)	*2시간	₩100,000
7			화, 목	이하늘	25일(50시간)	*2시간	₩120,000
8		컴활1급	월,수,금	한종영	30일(90시간)	*3시간	₩240,000
9			화, 목	최서아	40일(80시간)	*2시간	₩200,000
10		컴활2급	월,수,금	조여진	20일(40시간)	*2시간	₩120,000
11			화, 목	황신혜	25일(50시간)	*2시간	₩150,000
12		사무자동화	월,수,금	임진구	20일(60시간)	*3시간	₩160,000
13			화, 목	김한순	25일(50시간)	*2시간	₩140,000
14							

④ 사용자 지정 표시 형식

1. [F4:F13] 영역을 블록으로 지정한 후 Ctrl + 1 을 누른다.
2. '셀 서식' 대화상자의 '표시 형식' 탭에서 범주와 형식을 그림과 같이 지정한 후 〈확인〉을 클릭한다.

03. 고급 필터

정답

	A	B	C	D	E
15					
16	성별	평균키			
17	남	FALSE			
18					
19					
20	성명	성별	키	몸무게	혈액형
21	김선호	남	177	70	O
22	최회식	남	185	74	B
23	안창민	남	175	66	O
24	임상욱	남	183	85	B
25					

1. [A16:B17] 영역에 조건을, [A20:E20] 영역에 결과로 표시할 데이터의 필드명을 그림과 같이 입력한다.

	A	B	C	D	E
15					
16	성별	평균키			
17	남	FALSE			
18					
19					
20	성명	성별	키	몸무게	혈액형
21					

[B17] : =C4>=AVERAGE($C$4:$C$13)

2. 데이터 영역(A3:H13)의 임의의 셀을 선택한 후 [데이터] → 정렬 및 필터 → 고급을 클릭한다.
3. '고급 필터' 대화상자에서 결과, 목록 범위, 조건 범위, 복사 위치를 그림과 같이 지정한 후 〈확인〉을 클릭한다.

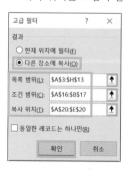

01. 주차시간

정답

	A	B	C	D	E
1	[표1]	상공주차장 이용현황			
2	차량번호	구역	입차시간	출차시간	주차시간
3	4886	A	10:07	11:24	1시간
4	7570	C	10:33	12:28	2시간
5	5248	D	10:58	13:36	3시간
6	6865	B	11:14	12:52	2시간
7	4940	A	11:26	13:58	3시간
8	7257	B	11:53	14:21	2시간
9	1122	C	12:04	14:05	2시간
10	5006	C	12:21	15:27	3시간
11	2394	D	12:49	15:03	2시간
12	8465	A	12:53	16:26	4시간

[E3] : =IF(MINUTE(D3−C3)>30, HOUR(D3−C3)+1, HOUR(D3−C3)) & "시간"

02. 아이디

정답

	G	H	I	J
1	[표2]	회원 관리 현황		
2	성명	성별	아이디	메일주소
3	최명호	남	hiji23	hiji23@nate.com
4	하진성	남	now55	now55@daum.net
5	박건섭	남	lsh457	lsh457@naver.com
6	노철민	남	ten10	ten10@daum.net
7	김인기	남	evermk	evermk@nate.com
8	홍은철	남	m2m	m2m@daum.net
9	성소진	여	last007	last007@naver.com
10	나유원	여	gchoo	gchoo@naver.com
11	도지희	여	alrud7	alrud7@daum.net
12	김예소	여	kes20	kes20@nate.com

[I3] : =MID(J3, 1, SEARCH("@", J3, 1)−1)

=MID(J3, 1, SEARCH("@", J3, 1)−1)의 의미
- MID(텍스트, 시작위치, 개수) 함수는 '텍스트'의 '시작위치'부터 지정한 '개수'만큼 추출합니다.
- SEARCH(찾을 텍스트, 문자열, 시작위치) 함수는 '문자열'의 '시작위치'에서부터 '찾을 텍스트'를 찾아 그 위치를 반환합니다.
- [J3] 셀에는 'hiji23@nate.com'이 들어 있으므로 다음과 같은 순서로 계산됩니다.
  ❶ SEARCH("@", J3, 1)−1 : [J3] 셀의 첫 번째 글자에서부터 "@"을 찾아 그 위치인 7에서 1을 뺍니다(아이디는 메일주소에서 "@" 앞의 문자까지이므로 "@"의 위치값에서 1을 빼야 합니다.).
  ❷ MID(J3, 1, 6) : [J3] 셀의 1에서부터 6글자(hiji23)를 추출합니다.

03. 결과

정답

	A	B	C	D	E
14	[표3]	영어 능력 시험			
15	번호	성명	독해	회화	결과
16	1	이방주	45	48	통과
17	2	황영희	40	41	
18	3	손기중	33	45	
19	4	김보라	37	35	
20	5	엄이봉	41	50	통과
21	6	김경삼	34	47	통과
22	7	한우경	29	33	
23	8	김상희	41	31	통과
24	9	임선빈	37	40	

[E16] : =IF(OR(RANK.EQ(C16, $C$16:$C$24)<=3, RANK.EQ(D16, $D$16:$D$24)<=3), "통과", "")

04. 국가/수도

정답

	G	H	I	J
14	[표4]	세계여행 정보		
15	지역	국가	수도	국가/수도
16	아시아	korea	seoul	KOREA(Seoul)
17	유럽	frace	paris	FRACE(Paris)
18	아메리카	brasil	brasilia	BRASIL(Brasilia)
19	아시아	japan	tokyo	JAPAN(Tokyo)
20	아메리카	canada	ottawa	CANADA(Ottawa)
21	아프리카	morocco	rabat	MOROCCO(Rabat)
22	아시아	china	beijing	CHINA(Beijing)
23	유럽	spain	madrid	SPAIN(Madrid)
24	아프리카	kenya	nairobi	KENYA(Nairobi)

[J16] : =UPPER(H16) & "(" & PROPER(I16) & ")"

05. 할인액

	A	B	C	D	E
26	[표5]	제품 판매 현황			
27	대리점	제품명	판매가	판매량	할인액
28	강남점	마우스	20,000	1,247	1,995,200
29	강남점	키보드	18,000	865	1,557,000
30	강남점	헤드폰	15,000	1,021	2,144,100
31	마포점	마우스	20,000	758	1,212,800
32	마포점	외장하드	45,000	248	0
33	마포점	헤드폰	15,000	675	1,417,500
34	노원점	마우스	20,000	957	1,531,200
35	노원점	키보드	18,000	893	1,607,400
36	노원점	스피커	17,500	768	0
37					
38	<할인율표>				
39	제품명	마우스	키보드	헤드폰	
40	할인율	8%	10%	14%	

[E28] : =C28 * D28 * IFERROR(HLOOKUP(B28, $B$39
:$D$40, 2, FALSE), 0%)

 문제 **3** 분석작업

01. 시나리오

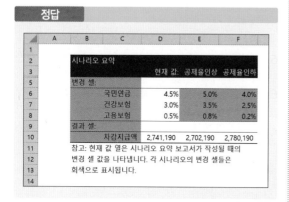

1. [F3] 셀을 클릭한 후 이름 상자에 **국민연금**을 입력하고 Enter를 누른다.
2. 동일한 방법으로 [F4] 셀을 **건강보험**, [F5] 셀을 **고용보험**, [C19] 셀을 **차감지급액**으로 이름을 정의한다.
3. [데이터] → 예측 → 가상 분석 → **시나리오 관리자**를 선택한다.
4. '시나리오 관리자' 대화상자에서 〈추가〉를 클릭한다.
5. '시나리오 추가' 대화상자에서 시나리오 이름에 **공제율인상**, 변경 셀에 [F3:F5] 영역을 지정한 후 〈확인〉을 클릭한다.

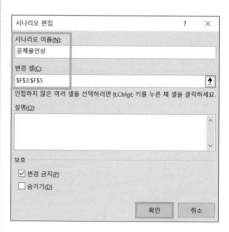

6. '시나리오 값' 대화상자의 변경될 값에 **5%, 3.5%, 0.8%**를 차례로 입력한 후 〈추가〉를 클릭한다.

7. '시나리오 추가' 대화상자의 시나리오 이름에 **공제율인하**, 변경 셀에 [F3:F5] 영역을 지정한 후 〈확인〉을 클릭한다.

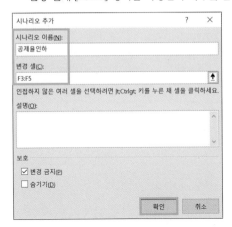

8. '시나리오 값' 대화상자의 변경될 값에 **4%, 2.5%, 0.2%**를 차례로 입력한 후 〈확인〉을 클릭한다.

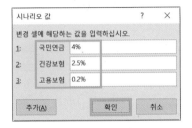

9. '시나리오 관리자' 대화상자에서 〈요약〉을 클릭한다.

10. '시나리오 요약' 대화상자에서 보고서 종류는 '시나리오 요약', 결과 셀은 [C19] 셀로 지정한 후 〈확인〉을 클릭한다.

02. 부분합

1. 데이터 영역(A3:G21)의 임의의 셀을 선택한 후 [데이터] → 정렬 및 필터 → **정렬**을 클릭한다.

2. '정렬' 대화상자에서 그림과 같이 지정한 후 〈확인〉을 클릭한다.

3. 데이터 영역(A3:G21) 안에 셀 포인터가 놓여 있는 상태에서 성별별 '근무년수', '휴가일수', '사용일수'의 합계를 계산하기 위해 [데이터] → 개요 → **부분합**을 클릭한다.

4. '부분합' 대화상자에서 그룹화할 항목, 사용할 함수, 부분합 계산 항목을 그림과 같이 지정한 후 〈확인〉을 클릭한다.

5. 직위별 '근무년수', '휴가일수', '사용일수'의 평균을 계산하기 위해 [데이터] → 개요 → **부분합**을 클릭한다.

6. '부분합' 대화상자에서 그룹화할 항목, 사용할 함수, 부분합 계산 항목을 그림과 같이 지정하고, '새로운 값으로 대치'의 체크 표시를 해제한 후 〈확인〉을 클릭한다.

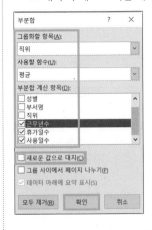

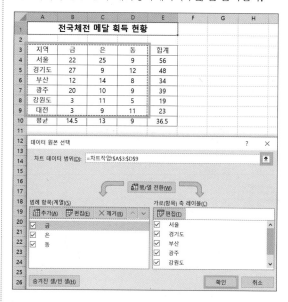

문제 4   기타작업

정답

01. 매크로

정답

	A	B	C	D	E	F
1	서점별 매출 현황					
2						
3	서점명	판매량	판매액	평균할인율	할인액	판매이익
4	대한서점	988	9,682,000	15%	1,452,300	8,229,700
5	상공서점	1,275	12,495,000	18%	2,249,100	10,245,900
6	한강문고	413	4,047,000	12%	485,640	3,561,360
7	서울문고	1,024	10,035,000	15%	1,505,250	8,529,750
8	대주서점	867	8,497,000	16%	1,359,520	7,137,480
9	부영문고	1,101	10,790,000	15%	1,618,500	9,171,500
10	인하문고	992	9,722,000	18%	1,749,960	7,972,040
11	유명서점	786	7,703,000	16%	1,232,480	6,470,520
12	보아문고	831	8,144,000	15%	1,221,600	6,922,400
13						
14			판매이익		백분율	
15						
16						

❶ '판매이익' 매크로

1. [개발 도구] → 컨트롤 → 삽입 → 양식 컨트롤 → **단추** (☐)를 선택한 후 [C14:C15] 영역에 맞게 드래그한다.
2. '매크로 지정' 대화상자의 매크로 이름에 **판매이익**을 입력한 후 〈기록〉을 클릭한다.
3. '매크로 기록' 대화상자에서 〈확인〉을 클릭한다.
4. [F4] 셀을 클릭하고 =C4-E4를 입력한 후 Enter 를 누른다.
5. [F4] 셀의 채우기 핸들을 [F12] 셀까지 드래그하여 수식을 복사한다.
6. 임의의 셀을 클릭한 후 [개발 도구] → 코드 → **기록 중지**를 클릭한다.
7. 단추의 바로 가기 메뉴에서 [**텍스트 편집**]을 선택한 후 입력된 내용을 **판매이익**으로 수정한다.

❷ '백분율' 매크로

1. [삽입] → 일러스트레이션 → 도형 → 기본 도형 → **사각형: 빗면**(☐)을 선택한 후 [E14:E15] 영역에 맞게 드래그한다.
2. 도형의 바로 가기 메뉴에서 [**매크로 지정**]을 선택한다.
3. '매크로 지정' 대화상자의 매크로 이름에 **백분율**을 입력한 후 〈기록〉을 클릭한다.
4. '매크로 기록' 대화상자에서 〈확인〉을 클릭한다.
5. [D4:D12] 영역을 블록으로 지정한 후 [홈] → 표시 형식 → %(백분율 스타일)을 클릭한다.
6. 임의의 셀을 클릭한 후 [개발 도구] → 코드 → **기록 중지**를 클릭한다.

7. 도형의 바로 가기 메뉴에서 [**텍스트 편집**]을 선택한 후 **백분율**을 입력한다.

02. 차트

❶ 데이터 범위 변경

1. 차트의 바로 가기 메뉴에서 [**데이터 선택**]을 선택한다.
2. '데이터 원본 선택' 대화상자에서 '차트 데이터 범위'의 범위 지정 단추(⬆)를 클릭하고 데이터 범위를 [A3:D9] 영역으로 변경한 후 범위 지정 단추(⬇)를 클릭한다.
3. '데이터 원본 선택' 대화상자에서 〈확인〉을 클릭한다.

❸ 제목 연동

1. 차트를 선택한 후 [차트 디자인] → 차트 레이아웃 → 차트 요소 추가 → 차트 제목 → **차트 위**를 선택하여 차트 제목을 삽입한다.
2. 차트 제목이 선택된 상태에서 수식 입력줄을 클릭하고 =을 입력한 후 [A1] 셀을 클릭하고 Enter 를 누른다.

❹ 축 서식 지정

1. 세로(값) 축의 바로 가기 메뉴에서 [**축 서식**]을 선택한다.
2. '축 서식' 창의 [축 옵션] → ▮▮(축 옵션) → 축 옵션에서 '기본' 단위를 10, '가로 축 교차'의 '축 값'을 10으로 지정한 후 '닫기(☒)'를 클릭한다.

3. 가로(항목) 축의 바로 가기 메뉴에서 **[축 서식]**을 선택한다.

4. '축 서식' 창의 [축 옵션] → ▇▇(축 옵션) → 축 옵션 → 세로 축 교차 → **최대 항목**을 선택한 후 '닫기(⊠)'를 클릭한다.

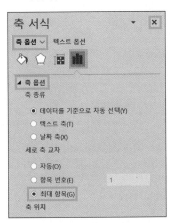

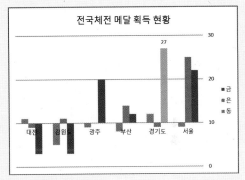

궁금해요

시나공 Q&A 베스트

Q 세로(값) 축의 위치를 오른쪽으로 지정할 때 가로(항목) 축의 '축 서식' 창에서 '축 옵션'의 '항목을 거꾸로'를 선택해도 되나요?

A 안됩니다. 가로(항목) 축의 '축 서식' 창에서 [축 옵션] → ▇▇(축 옵션) → 축 옵션 → 항목을 거꾸로를 선택하면 아래 그림처럼 세로(값) 축과 가로(항목) 축의 항목 위치가 함께 변경됩니다. 164쪽의 차트 그림처럼 세로(값) 축의 위치만 변경하려면 반드시 '세로 축 교차'의 '최대 항목'을 선택해야 합니다.

전국체전 메달 획득 현황

'항목을 거꾸로'를 선택한 경우

⑤ 데이터 레이블 추가

1. '금' 계열의 '경기도' 요소를 클릭한 후 다시 '경기도' 요소를 클릭한다.

2. '경기도' 요소만 선택된 상태에서 바로 가기 메뉴를 호출하여 **[데이터 레이블 추가]**를 선택한다.

memo

합격수기

합격수기 코너는 시나공으로 공부하신 독자분들이 시험에 합격하신 후에 직접
시나공 홈페이지(sinagong.co.kr)의 〈합격전략/후기〉에 올려주신 자료를 토대로 구성됩니다.

김성태 · inetwork

중년의 컴퓨터활용능력 2급 자격증 도전기

다니던 중소기업을 그만 두게 되어 모 공기업에 6개월 계약직으로 근무하면서 재취업을 준비하기 위해 컴퓨터활용능력 2급을 취득하기로 했습니다. 인터넷에서 검색하니 '시나공'을 추천하는 글이 많아 '시나공' 컴퓨터활용능력 2급 필기와 실기 교재를 구입하였습니다. 정기 시험에 접수하고 열흘 계획으로 분량을 나누어 공부하고 시험 직전에 틀렸던 문제를 한 번 더 보고 시험장에 갔습니다. 다행히 72점(40문제 중 29문제 맞음)을 받아 필기는 한 번에 합격했습니다.

실기 시험은 상시 시험에 응시하기로 마음먹고, 하루에 2섹션 정도씩 공부해서 열흘 만에 '기본작업'부터 '기타작업'과 부록 '계산문제'까지 모두 마쳤습니다. 그런데 연말에 이런 저런 일로 인해 시험에 응시하지 못하고 다음년도 3월 3일자 상시 시험에 접수하게 되었습니다. 왜 그렇게 공부하기가 싫었는지, 거의 공부를 하지 않아 시험 일자를 1주일 연기하고 그 때부터 새로 공부했습니다. '기본작업'부터 '기타작업'까지 하루에 큰 한 단원(기본작업, 계산작업, 분석작업, 기타작업)씩 공부하고 나서 시험 5일전에 '실제 시험장을 옮겨 놓았다!'를 풀었는데, 충격 그 자체였습니다. 독수리 타법은 아니지만 자판을 보면서 타자를 치는 저는 입력에만 약 15분이 소요 됐고 전체를 푸는데 80분이 걸려 시험에 대한 자신감을 상실했습니다. 그러나 하다 보면 되겠지 하는 생각으로 '기본모의고사'와 '실전모의고사'를 매일 5회분씩 풀다 보니 어느새 다 풀고도 시간이 조금 남게 되었습니다(그 당시에는 '입력'은 포기했습니다.).

그리고 3월 3일 '상설 시험일'이 되었습니다. 시험이 시작되니 주위에서 1번 '입력문제'를 푸는 타자 소리가 요란 했습니다. 저는 타자 입력에 약하기 때문에 '기타문제'부터 시작했습니다. 매크로 1번은 문제가 없었는데, 매크로 2번을 풀 때 '매크로 지정' 대화상자에서 '기록'을 클릭하지 않았는지 에러로 인해 아무리 다시 하려고 해도 되지 않아 그 다음인 '차트'를 풀고 '분석작업', '계산작업', '기본작업' 순으로 문제를 풀었습니다. 원래 시간이 모자라면 '입력'은 포기하려고 했는데, 다른 문제를 다 풀고 나서 보니 시간이 약 10분 정도 남아 '입력' 문제도 해결했습니다. '입력'을 끝냈는데도 약 3분 정도가 남아 '매크로'의 잘못된 부분을 수정하려고 했지만 도저히 안 되더군요. 그래도 자격증 시험은 70점만 넘으면 된다는 생각에 편하게 시험을 마쳤습니다.

그리고 발표일인 3월 6일 0시가 지나자마자 합격을 확인하고 바로 자격증 배송을 신청했습니다.
시험을 끝내고 나서 생각하니, 포기하지 않고 끝까지 공부만 하면 누구나 취득할 수 있는 자격증이라는 생각이 들었습니다.
'시나공', 감사합니다.

나는 시험에 나오는 것만 공부한다!
이제 시나공으로 한 번에 정복하세요!

기초 이론부터 완벽하게 공부해서 안전하게 합격하고 싶어요!

핵심이론만 체계적으로 정리한 후 문제풀이를 통해 정리하고 싶어요!

이론은 공부했지만 어떻게 적용되는지 문제풀이를 통해 감각을 익히고 싶어요!

이론은 완벽해요! 기출문제로 마무리하고 싶어요!

기본서 (필기/실기)

SUMMARY (필기)

총정리 (필기/실기)

기출문제집 (필기/실기)

특징

자세하고 친절한 이론으로 기초를 쌓은 후 바로 문제풀이를 통해 정리한다.

특징

시험에 꼭 나오는 핵심이론으로 개념을 체계적으로 정리한 후 기출문제로 마무리한다.

특징

간단하게 이론을 정리한 후 충분한 문제풀이를 통해 실전 감각을 향상시킨다.

특징

최신 기출문제를 반복 학습하며 최종 마무리한다.

구성

본권
기출문제(5회)
토막강의

온라인 채점 프로그램
• 워드프로세서
• 컴퓨터활용능력
• ITQ

구성

핵심요약
기출문제(15회)
토막강의

구성

핵심요약
기출문제(10회)
모의고사(10회)
토막강의

• 온라인 채점 프로그램
• 기출문제(10회)
• 모의고사(5회)

구성

핵심요약(PDF)
기출문제(15회)
토막강의

기출문제(10회)

출간 종목

컴퓨터활용능력1급 필기/실기
컴퓨터활용능력2급 필기/실기
워드프로세서 필기/실기
정보처리기사 필기/실기
정보처리산업기사 필기/실기
정보처리기능사 필기/실기
사무자동화산업기사 실기
ITQ 엑셀/한글/파워포인트
GTQ 1급/2급

출간 종목

컴퓨터활용능력1급 필기
컴퓨터활용능력2급 필기
워드프로세서 필기
정보처리기능사 필기
사무자동화산업기사 필기

출간 종목

컴퓨터활용능력1급 필기/실기
컴퓨터활용능력2급 필기/실기
워드프로세서 필기
사무자동화산업기사 필기

출간 종목

컴퓨터활용능력1급 필기/실기
컴퓨터활용능력2급 필기/실기
워드프로세서 필기
정보처리기사 필기
사무자동화산업기사 필기

지은이 길벗알앤디

강윤석, 김용갑, 김우경, 김종일

IT 서적을 기획하고 집필하는 출판 기획 전문 집단으로, 2003년부터 길벗출판사의 IT 수험서인 〈시험에 나오는 것만 공부한다!〉 시리즈를 기획부터 집필 및 편집까지 총괄하고 있다.

30여 년간 자격증 취득에 관한 교육, 연구, 집필에 몰두해 온 강윤석 실장을 중심으로 IT 자격증 시험의 분야별 전문가들이 모여 국내 IT 수험서의 수준을 한 단계 높이기 위한 다양한 연구와 집필 활동에 전념하고 있다.

컴퓨터활용능력 2급 실기 기출문제집 – 시나공 시리즈 ⑳

The Practical Examination for Intermediate Computer Proficiency Certificate – Work Book

초판 발행 · 2024년 1월 2일

발행인 · 이종원
발행처 · (주)도서출판 길벗
출판사 등록일 · 1990년 12월 24일
주소 · 서울시 마포구 월드컵로 10길 56(서교동)
주문 전화 · 02)332-0931   팩스 · 02)323-0586
홈페이지 · www.gilbut.co.kr   이메일 · gilbut@gilbut.co.kr

기획 및 책임 편집 · 강윤석(kys@gilbut.co.kr), 김미정(kongkong@gilbut.co.kr), 임은정, 정혜린(sunriin@gilbut.co.kr)
디자인 · 강은경, 윤석남   제작 · 이준호, 손일순, 이진혁, 김우식   마케팅 · 김학흥, 박민주
영업관리 · 김명자   독자지원 · 윤정아, 전희수

편집진행 및 교정 · 길벗알앤디(강윤석 · 김용갑 · 김우경 · 김종일)   일러스트 · 윤석남
전산편집 · 예다움   CTP 출력 및 인쇄 · 정민   제본 · 정민

ISBN 979-11-407-0767-6 13000
(길벗 도서번호 030912)

가격 15,000원

독자의 1초까지 아껴주는 길벗출판사
(주)도서출판 길벗 | IT교육서, IT단행본, 경제경영서, 어학&실용서, 인문교양서, 자녀교육서 www.gilbut.co.kr
길벗스쿨 | 국어학습, 수학학습, 어린이교양, 주니어 어학학습, 학습단행본 www.gilbutschool.co.kr

인스타그램 • @study_with_sinagong

시험에 나오는 것만 공부한다!

2024 시나공

기출문제집

최신 기출문제 완벽분석

컴퓨터활용능력

2급 실기

길벗알앤디 지음
(강윤석, 김용갑, 김우경, 김종일)